LES MEILLEURS AUTEURS CLASSIQUES

Français et Étrangers

SILVIO PELLICO

MES PRISONS

Traduction de F. REYNARD

PARIS

ERNEST FLAMMARION, ÉDITEUR

26, RUE RACINE, 26

MES PRISONS

E. GREVIN — IMPRIMERIE DE LAGNY

SILVIO PELLICO

MES PRISONS

TRADUCTION DE

FRANCISQUE REYNARD

PARIS

ERNEST FLAMMARION, ÉDITEUR

26, RUE RACINE, 26

NOTICE SUR SILVIO PELLICO

Silvio Pellico *est né vers 1789 à Saluces, petite
ville du Piémont. Il appartenait à une famille dont
la condition, comme il le dit lui-même dans* Mes Prisons [1], *n'était pas la pauvreté « et qui, en vous rapprochant également du pauvre et du riche, vous donne
une exacte connaissance des deux états ». Après une
enfance embellie par les plus doux soins, il fut envoyé
à Lyon, auprès d'un vieux cousin de sa mère, M. de
Rubod, homme fort riche, afin d'y compléter ses
études. « Là, dit-il encore* [2], *tout ce qui peut enchanter
un cœur avide d'élégance et d'amour, avait délicieusement occupé la première ferveur de ma jeunesse ».
Rentré en Italie vers 1818, il alla demeurer avec ses
parents à Milan. « J'avais, ajoute-t-il, poursuivi mes
études et appris à aimer la société et les livres, ne
trouvant que des amis distingués et de séduisants
applaudissements. Monti et Foscolo, bien qu'adver-*

1. *Mes prisons*, chap. I.
2. *Ibid.*

1

saires déclarés, avaient été également bienveillants pour moi. Je m'attachai davantage à ce dernier, et cet homme si irritable, qui par sa rudesse avait provoqué tant de gens à se désaffectionner de lui, n'était pour moi que douceur et cordialité, et je le révérais tendrement. D'autres littérateurs fort honorables m'aimaient aussi comme je les aimais moi-même. L'envie ni la calomnie ne m'atteignirent jamais ou, du moins, elles partaient de gens tellement discrédités qu'elles ne pouvaient me nuire. A la chute du royaume d'Italie, mon père avait reporté son domicile à Turin, avec le reste de la famille; et moi, remettant à plus tard de rejoindre des personnes si chères, j'avais fini par rester à Milan, où j'étais entouré de tant de bonheur que je ne savais pas me résoudre à la quitter.

« Parmi mes autres meilleurs amis, il y en avait trois à Milan qui prédominaient dans mon cœur : Pierre Borsieri, monseigneur Louis de Brême et le comte Louis Porro Lambertenghi. Plus tard, s'y joignit le comte Frédéric Confalonieri. M'étant fait le précepteur des deux enfants de Porro, j'étais pour eux comme un père, et pour leur père comme un frère. Dans cette maison affluait non seulement tout ce que la ville avait de plus cultivé, mais une foule de voyageurs de distinction. Là je connus Mme de Staël, Davis, Byron, Hobhouse, Brougham, et un grand nombre d'autres illustres personnages des diverses parties de l'Europe... J'étais heureux! je n'aurais pas changé mon sort contre celui d'un prince [1] ».

____

1. *Mes prisons*, chap. L.

C'est dans ce milieu intellectuel hors ligne que Silvio Pellico composa et fit représenter ses deux premières tragédies, LEODAMIA et FRANCESCA DA RIMINI. Il avait alors trente ans. FRANCESCA DA RIMINI obtint un très vif succès, et rendit promptement populaire le nom de son auteur. C'est la seule du reste des œuvres dramatiques de Pellico qui ait survécu et qui soit restée au répertoire. Byron, alors en Italie, en fit une traduction.

La célébrité que le succès de FRANCESCA avait attachée à son nom devait appeler sur Silvio Pellico l'attention des patriotes italiens qui, à cette époque, luttaient de toutes façons contre le despotisme de l'Autriche. Une recrue de cette valeur était précieuse pour eux, et ils ne négligèrent rien pour se l'attacher. Ils avaient pour organe un journal appelé LE CONCILIATEUR, feuille littéraire et dont la politique était ostensiblement bannie, mais qui ne laissait échapper aucune occasion d'exalter l'amour de la patrie et de la liberté. LE CONCILIATEUR, qui comptait parmi ses principaux écrivains tous les amis de Silvio, les Berchet, les Gioja, les Romagnesi, les Maroncelli, les Confalonieri, etc., avait pour bailleur de fonds le comte Porro, dont Silvio élevait les deux enfants, et qui était pour lui « comme un frère ». Il était donc tout naturel qu'il fît partie de la vaillante phalange. C'en était assez pour être suspect aux yeux des autorités allemandes. Aussi fut-il compris parmi les nombreuses personnes arrêtées, à la suite de la découverte d'une vaste conspiration organisée par les sociétés secrètes.

Le 13 novembre 1820 il fut conduit à Sainte-

Marguerite. Puis, de là, il fut transféré à Venise, sous les Plombs, et y demeura pendant tout le temps que dura l'instruction de son procès. Après deux années et demie d'alternatives cruelles, il fut enfin condamné à la peine de mort, laquelle fut commuée en celle de quinze années de carcere duro. Au commencement de l'année 1822, il fut conduit au Spielberg, forteresse située près de la ville de Brünn, en Moravie, et où étaient détenus une grande partie des patriotes italiens condamnés pour politique. Il ne devait en sortir que huit ans après, le 1ᵉʳ août 1830.

C'est l'histoire de ces dix ans de captivité que Silvio a racontée dans son livre intitulé : MES PRISONS.

Libre, Silvio revint à Turin, où il s'occupa exclusivement de littérature. Bien qu'il eût renoncé absolument à la politique, il eut encore à lutter contre la censure qui voulait voir dans ses pièces des allusions constantes aux événements du jour.

En 1832, Silvio Pellico alla à Paris, où il reçut de tout le monde l'accueil le plus sympathique. On assure même que la reine Marie-Amélie lui offrit un emploi à la cour, mais qu'il refusa. Cela paraît peu probable. Si la reine avait eu réellement cette intention, elle n'aurait pu y donner suite qu'avec l'assentiment de son mari, et jamais Louis-Philippe, dont la prudence était proverbiale, n'aurait permis une manifestation que l'Autriche aurait été en droit de qualifier d'hostile. Le sentimentalisme n'était pas la vertu dominante du vieux monarque.

La vérité, c'est que Silvio, après un assez court séjour en France, retourna en Piémont. Il alla habiter le château de Camerano près d'Asti. C'est là qu'il composa, ou tout au moins qu'il acheva et mit au point MES PRISONS, *qui parurent en 1833[1]. Malgré le succès éclatant du livre, Silvio vécut très retiré, opposant un refus absolu à tous ceux, et ils étaient nombreux, qui cherchaient à l'entraîner dans les luttes politiques. Il avait surtout fort à faire pour repousser les offres des jeunes gens que l'exemple de la révolution de 1830 avait exaltés, et qui lui demandaient de se mettre à leur tête, ou tout au moins d'être leur conseiller. Rien ne put le fléchir. Il se renferma plus que jamais dans sa solitude, et partageait son temps entre Asti et Turin, où le marquis Barolo l'avait nommé son bibliothécaire. Lorsqu'il mourut, en 1854, il était sinon oublié, du moins tout à fait inconnu de la génération nouvelle à qui il allait être donné d'arracher enfin la malheureuse Italie à la domination de ses maîtres étrangers, et d'en faire une nation libre et indépendante.*

Mais il n'en était pas de même de son œuvre. MES PRISONS *sont un de ces livres définitivement adoptés par la postérité, comme* LE VICAIRE DE WAKEFIELD, PAUL ET VIRGINIE, *qui ont été traduits dans toutes*

---

1. L'immense succès de *Mes Prisons* fit éclore, tant en France qu'à l'étranger, de nombreuses imitations. Parmi celles qui eurent le plus de retentissement, il faut citer *Picciola*, de Saintine, dont la vogue balança celle de l'œuvre de Silvio Pellico. Ce roman fut aussi traduit dans toutes les langues, et eut l'honneur d'être, à maintes reprises, interprété par le crayon de nos plus célèbres artistes. Mais, en dépit de ses éditions multiples, *Picciola* est aujourd'hui à peu près oubliée. Le temps a fait justice du pastiche froid et maniéré, pour laisser toute sa vigueur et tout son charme au récit simple, ému et vrai où le prisonnier du Spielberg nous retrace ses souffrances.

F. R.

les langues, sont devenus comme un patrimoine commun à l'humanité tout entière, et qui seront éternellement lus tant qu'il y aura des natures sachant s'émouvoir à des récits pathétiques, c'est-à-dire toujours. Mais ce qui constitue pour l'œuvre de Silvio Pellico une incontestable supériorité sur les autres chefs-d'œuvre, c'est qu'elle n'est pas une fiction plus ou moins bien trouvée, plus ou moins bien rendue. Elle a été vécue. Ce ne sont pas des aventures, des souffrances imaginaires que l'écrivain présente au public; ce sont des souffrances réelles, les siennes. Son livre n'est pas un roman, c'est une histoire; histoire lamentable, mais qui est aussi une leçon. Elle nous apprend que les tortures ne sont pas un moyen suffisant pour terrifier les nations, ou du moins pour les empêcher d'accomplir leurs destinées. Les cachots du Spielberg ont bien pu dévorer les patriotes italiens; ils n'ont pu faire que l'Autriche n'ait pas été obligée de rendre à heure dite et la Lombardie et la Vénétie. Alors à quoi bon les cruautés déployées? Et cela doit encore être un espoir. De nos jours, un autre État européen, se basant sur la force qui prime le droit, détient et opprime une province qui ne veut pas de lui. Il arrivera de cette situation ce qui est arrivé pour la Lombardie et la Vénétie, qui sont revenues à leur ancienne patrie.

Quelles que soient donc les critiques plus ou moins justes qu'on puisse lui adresser au point de vue de la mansuétude étrange qu'il témoigne envers les bourreaux de son pays, le livre de Silvio Pellico aura été pour une bonne part dans ce résultat. Et qui sait! Peut-être l'auteur, qu'il l'ait voulu ou non, que ce soit *de sa part habileté ou faiblesse, a-t-il été bien inspiré en bannissant de son livre toute récrimination politique! Il y a intéressé tout le monde; il a ému tous les cœurs généreux à quelque parti qu'ils appartinssent, et son action n'en a été que plus forte, ayant opéré sur un champ plus vaste. S'il eût transformé son œuvre en pamphlet, il aurait contenté sans doute une certaine portion de ses lecteurs, mais la masse n'aurait pas été remuée.*

Au contraire, tous, femmes, enfants, hommes faits, vieillards, dans quelque condition sociale que la vie les ait jetés, de quelque nationalité qu'ils dépendent, ont lu et dévoré le récit de Silvio Pellico, ont plaint ses malheurs immérités, ont maudit ses bourreaux. Tous ont été séduits par le style touchant de cette œuvre sincère, qui, nous le répétons, a pris sa grande place parmi les chefs-d'œuvre de l'esprit humain.

F. REYNARD.

AVANT-PROPOS

Ai-je écrit ces Mémoires par vanité de parler de moi?
Je désire que cela ne soit pas, et, autant qu'on puisse
se constituer son propre juge, il me semble avoir eu
de plus hautes visées : — celle de contribuer à réconforter quelque malheureux avec le tableau des maux
que j'ai soufferts et des consolations que, par expé-
rience, j'ai vu qu'on peut obtenir dans les plus grandes
infortunes; — celle d'attester qu'au milieu de mes
longs tourments je n'ai cependant pas trouvé l'humanité aussi inique, aussi indigne d'indulgence, aussi
pauvre de grandes âmes, qu'on a coutume de la représenter; — celle d'inviter les nobles cœurs à aimer
beaucoup, à ne haïr aucun mortel, à n'avoir de haine
irréconciliable que pour les basses tromperies, la
pusillanimité, la perfidie, toute dégradation morale;
— celle de redire une vérité déjà bien connue, mais
souvent oubliée : c'est que la Religion et la Philosophie
commandent l'une et l'autre une énergique volonté et
un jugement calme; et que, sans ces conditions réunies, il n'y a ni justice, ni dignité, ni principes assurés.

MES PRISONS

CHAPITRE PREMIER

Le vendredi 13 octobre 1820, je fus arrêté à Milan et conduit à Sainte-Marguerite. Il était trois heures après midi. On me fit subir un long interrogatoire pendant tout ce jour et pendant d'autres encore. Mais de cela je ne dirai rien. Semblable à un amant maltraité de sa belle et dignement résolu à lui tenir rigueur, je laisse la politique où elle est, et je parle d'autre chose.

A neuf heures du soir de ce pauvre vendredi, le greffier me consigna au concierge, et celui-ci, après m'avoir conduit dans la chambre qui m'était destinée, m'invita d'une façon polie à lui remettre, pour me les restituer en temps voulu, ma montre, mon argent, et tous les autres objets que je pouvais avoir dans ma poche ; puis il me souhaita respectueusement la bonne nuit.

« Attendez, mon cher, lui dis-je ; aujourd'hui je n'ai pas dîné ; faites-moi apporter quelque chose.

— Tout de suite : l'auberge est ici près, et monsieur verra quel bon vin !

— Du vin, je n'en bois pas ».

A cette réponse, le sieur Angiolino me regarda tout stupéfait et espérant que je plaisantais. Les concierges de prison qui tiennent cabaret ont horreur d'un prisonnier qui ne boit pas de vin.

« Je n'en bois pas, en vérité.

— J'en suis fâché pour monsieur ; il souffrira doublement de la solitude... ».

Et, voyant que je ne changeais pas d'intention, il sortit ; et en moins d'une demi-heure j'eus à dîner. Je mangeai quelques bouchées, je bus avec avidité un verre d'eau, et on me laissa seul.

La chambre était au rez-de-chaussée et donnait sur la cour. Prisons deçà, prisons delà ; prisons au-dessus, prisons en face. Je m'appuyai à la fenêtre, et je restai quelque temps à écouter les allées et venues des gardiens et le chant frénétique de quelques-uns des détenus.

Je pensais : « Il y a un siècle, ceci était un monastère ; les vierges saintes et pénitentes qui l'habitaient auraient-elles jamais imaginé que leurs cellules retentiraient aujourd'hui, non plus de gémissements de femmes et d'hymnes de dévotion, mais de blasphèmes et de chansons obscènes, et qu'elles renfermeraient des hommes de toute sorte et pour la plupart destinés aux fers ou à la potence? Et, dans un siècle, qui respirera dans ces cellules? O fuite rapide du temps! ô mobilité perpétuelle des choses! Peut-il, celui qui vous considère, s'affliger si la fortune a cessé de lui sourire, s'il vient à être enseveli en prison, s'il est menacé du gibet? Hier j'étais un des plus heureux mortels du monde; aujourd'hui je n'ai plus aucune des douceurs qui réconfortaient ma vie; plus de liberté, plus d'entourage d'amis, plus d'espérances! Non; s'illusionner serait folie. Je ne sortirai d'ici que pour être jeté dans les plus horribles cachots, ou livré au bourreau! Eh bien, le jour qui suivra ma mort sera comme si j'avais expiré dans un palais, et si j'avais été porté au tombeau avec les plus grands honneurs ».

Ces réflexions sur la fuite rapide du temps rendaient la vigueur à mon âme. Mais me revinrent à la pensée mon père, ma mère, mes deux frères, mes deux sœurs, une autre famille que j'aimais comme si elle eût été la mienne; et les raisonnements philosophiques ne valurent plus rien. Je m'attendris, et je pleurai comme un enfant.

CHAPITRE II

Trois mois auparavant j'étais allé à Turin, et j'avais revu, après quelques années de séparation, mes chers parents, un de mes frères et mes deux sœurs. Toute notre famille s'était toujours tant aimée! Aucun fils n'avait été plus que moi comblé de bienfaits par son père et sa mère. Oh! comme, en revoyant les vénérés vieillards, j'avais été ému de les trouver notablement plus accablés par l'âge que je ne me l'imaginais! Combien j'aurais alors voulu ne plus les abandonner, et me consacrer à soulager leur vieillesse par mes soins! Combien je regrettai, pendant les jours si courts que je restai à Turin, d'être appelé par quelques autres devoirs hors du toit paternel, et de donner une si faible partie de mon temps à ce couple aimé! Ma pauvre mère disait avec une mélancolique amertume : « Ah! notre Silvio n'est pas venu à Turin pour nous voir »! Le matin où je repartis pour Milan la séparation fut très douloureuse. Mon père monta dans la voiture avec moi, et m'accompagna pendant un mille; puis il s'en revint tout seul. Je me retournais pour le regarder, et je pleurais, et je baisais un anneau que ma mère m'avait donné, et jamais je ne sentis une telle angoisse à m'éloigner de mes parents. Peu crédule aux pressentiments, je m'étonnais de ne pouvoir vaincre ma douleur, et j'étais forcé de dire avec épouvante : « D'où me vient cette inquiétude extraordinaire »? Il me semblait vraiment prévoir quelque grande infortune.

Maintenant, en prison, je me ressouvenais de cette épouvante, de ces angoisses ; je me ressouve-

nais de toutes les paroles que j'avais entendues,
trois mois auparavant, de mes parents. Cette
plainte de ma mère : « Ah! notre Silvio n'est pas
venu à Turin pour nous voir » ! me retombait
comme du plomb sur le cœur. Je me reprochais
de ne m'être pas montré mille fois plus tendre
pour eux. « Je les aime tant, et je le leur ai dit si
faiblement ! Je ne devais plus jamais les revoir, et
je me suis si peu rassasié de leurs chers visages !
et j'ai été si avare des témoignages de mon
amour »! Ces pensées me déchiraient l'âme.

Je fermai la fenêtre; je me promenai pendant
une heure, croyant n'avoir pas de repos de toute
la nuit. Je me mis au lit, et la fatigue m'endormit.

CHAPITRE III

S'éveiller la première nuit en prison est chose
horrible. « Est-ce possible (dis-je en me rappelant où j'étais), est-ce possible! moi ici! et n'est-ce
pas maintenant un rêve que je fais? C'est donc
hier qu'on m'a arrêté? hier qu'on me fit subir ce
long interrogatoire qui doit continuer demain, et
qui sait combien de temps encore? C'est hier soir,
avant de m'endormir, que j'ai tant pleuré en pensant à mes parents »?

Le repos, le silence absolu, le court sommeil

qui avait réparé mes forces mentales, semblaient avoir centuplé en moi la puissance de la douleur. En cette absence totale de distractions, l'inquiétude de tous ceux qui m'étaient chers, et en particulier de mon père et de ma mère, lorsqu'ils apprendraient mon arrestation, se peignait à mon imagination avec une force incroyable.

« En ce moment, disais-je, ils dorment encore tranquilles, ou bien ils veillent en pensant avec douceur à moi, bien éloignés de soupçonner le lieu où je suis ! Heureux si Dieu les enlevait de ce monde avant que la nouvelle de mon malheur arrive à Turin ! Qui leur donnera la force de supporter ce coup » ?

Une voix intérieure sembla me répondre : « Celui que tous les affligés invoquent et aiment et sentent en eux-mêmes ! Celui qui donnait la force à une Mère de suivre son Fils au Golgotha, et de se tenir sous sa croix ! l'ami des malheureux, l'ami des hommes » !

Ce fut là le premier moment où la religion triompha de mon cœur ; et c'est à l'amour filial que je dois ce bienfait.

Jusque-là, sans être hostile à la religion, je la suivais peu et mal. Les vulgaires objections avec lesquelles on a la coutume de la combattre ne me paraissaient pas valoir grand'chose, et cependant mille doutes sophistiques affaiblissaient ma foi. Déjà, depuis longtemps, ces doutes ne tombaient plus sur l'existence de Dieu, et j'allais me répétant que, si Dieu existe, une conséquence nécessaire de sa justice est une autre vie pour l'homme qui a souffert dans un monde si injuste : de là, la suprême raison d'aspirer aux biens de cette seconde vie; de là, un culte d'amour de Dieu et du prochain, une perpétuelle aspiration à s'ennoblir par de généreux sacrifices. Déjà, depuis longtemps, j'allais me redisant tout cela, et j'ajoutais : « Et quelle autre chose est le christianisme, sinon cette perpétuelle aspiration à se rendre meilleur »? Et je m'étonnais que, l'essence du christianisme se manifestant si pure, si philosophique, si inattaquable, il fût venu une époque où la philosophie osât dire : « C'est moi qui désormais prendrai sa place. — Et de quelle façon la prendras-tu? En enseignant le vice? Non certes. En enseignant la vertu? Eh bien, ce sera l'amour de Dieu et du prochain; ce sera précisément ce que le christianisme enseigne ».

Bien que, depuis quelques années, j'éprouvasse ces sentiments, j'évitais de conclure : « Sois donc conséquent! sois chrétien! Ne te scandalise plus des abus! Ne te révolte plus contre quelques points difficiles de la doctrine de l'Église, puisque le point principal est celui-ci, et il est très lucide : Aime Dieu et le prochain ».

En prison, je me décidai enfin à embrasser cette conclusion, et je l'embrassai. J'hésitai un peu en pensant que, si quelqu'un venait à me savoir plus religieux qu'auparavant, il se croirait en droit de

me considérer comme un hypocrite ou comme
avili par le malheur. Mais, sentant que je n'étais
ni hypocrite ni avili, je me complus à ne tenir
aucun compte des blâmes possibles non mérités,
et je résolus d'être et de me déclarer désormais
chrétien.

CHAPITRE IV

Je restai plus tard affermi dans cette résolution,
mais je commençai à la ruminer, et presque à la
vouloir pendant cette première nuit de captivité.
Vers le matin mes fureurs étaient calmées, et je
m'en étonnais. Je repensais à mes parents et aux
autres personnes aimées, et je ne désespérais plus
de leur force d'âme, et le souvenir des vertueux
sentiments que je leur avais autrefois connus me
consolait.

Pourquoi tout d'abord un tel trouble en moi en
m'imaginant le leur, et pourquoi maintenant une
telle confiance dans l'élévation de leur courage?
Cet heureux changement était-il un prodige? Était-
ce un effet naturel de ma croyance en Dieu ravi-
vée? — Eh! qu'importe d'appeler prodiges ou non
les réels et sublimes bienfaits de la religion?

A minuit, deux *secondini* (ainsi s'appellent les
garçons guichetiers qui dépendent du concierge)
étaient venus me visiter et m'avaient trouvé de

très mauvaise humeur. A l'aube ils revinrent, et me trouvèrent serein et cordialement disposé à la plaisanterie.

« Cette nuit Monsieur avait une mine de basilic, dit Tirola ; maintenant il est tout autre, et je m'en réjouis : c'est un signe qu'il n'est pas, — pardon de l'expression, — un coquin ; car les coquins (je suis vieux dans le métier et mes observations ont quelque poids), les coquins sont plus enragés le second jour de leur arrestation que le premier. Monsieur prend-il du tabac ? — Je n'ai pas l'habitude d'en prendre, mais je ne veux pas refuser votre gracieuseté. Quant à votre observation, excusez-moi, mais elle n'est pas de l'homme expérimenté que vous semblez être. Si ce matin je n'ai plus la mine d'un basilic, ne pourrait-il pas se faire que ce changement fût une preuve de sottise, de facilité à m'illusionner, à rêver ma prochaine mise en liberté ?

— Je n'en douterais pas si Monsieur était en prison pour d'autres motifs ; mais pour ces affaires d'État, au jour d'aujourd'hui, il n'est pas possible de croire qu'elles finissent ainsi sur deux pieds. Et Monsieur n'est pas assez simple pour se l'imaginer. Que Monsieur me pardonne : veut-il une autre prise ?

— Donnez. Mais comment peut-on avoir un visage aussi gai que le vôtre en vivant toujours parmi des malheureux ?

— Monsieur croira que c'est par indifférence pour les douleurs d'autrui ; je ne le sais pas positivement moi-même, à dire vrai ; mais je puis lui assurer que bien des fois voir pleurer me fait mal. Et alors je feins d'être gai, afin que les pauvres prisonniers sourient, eux aussi.

— Il me vient, brave homme, une pensée que je n'ai jamais eue : c'est qu'on peut faire le métier de geôlier et être de très bonne pâte.

— Le métier ne fait rien, Monsieur. Au delà de cette voûte que vous voyez, par derrière la cour, il y a une autre cour et d'autres prisons, toutes pour les femmes. Ce sont... je ne trouve pas l'expression... des femmes de mauvaise vie. Eh bien, Monsieur, il y en a qui sont des anges quant au cœur. Et si monsieur était guichetier...

— Moi » ? (Et j'éclatai de rire).

Tirola s'arrêta déconcerté par mon rire, et ne poursuivit pas. Peut-être il voulait dire que, si j'avais été guichetier, j'aurais eu de la peine à ne pas me prendre d'affection pour quelqu'une de ces malheureuses.

Il me demanda ce que je voulais pour déjeuner. Il sortit, et quelques minutes après il m'apporta le café.

Je le regardais fixement en face, avec un sourire malicieux qui voulait dire : « Porterais-tu un billet de moi à un autre infortuné, à mon ami Pierre » ? Et il me répondit avec un autre sourire qui voulait dire : « Non, Monsieur ; et si vous vous adressez à un de mes camarades, prenez garde que celui qui vous dira oui ne vous trahisse ».

Je ne suis pas véritablement certain qu'il me comprit, ni que je le comprisse. Ce que je sais bien, c'est que je fus dix fois sur le point de lui demander un morceau de papier et un crayon, et que je n'osai pas parce qu'il y avait quelque chose dans ses yeux qui semblait m'avertir de ne me fier à personne, et moins encore aux autres qu'à lui.

CHAPITRE V

Si Tirola, avec son expression de bonté, n'avait pas eu en même temps ces regards si faux, s'il avait eu une physionomie plus noble, j'aurais cédé à la tentation d'en faire mon ambassadeur, et peut-être un billet de moi, parvenu à temps à mon ami, lui aurait donné le moyen de réparer quelque erreur, — et peut-être cela aurait-il sauvé non pas lui, le pauvret, qui était déjà trop compromis, mais plusieurs autres et moi.

Patience! Il devait en arriver ainsi.

Je fus appelé pour la continuation de l'interrogatoire, et cela dura toute cette journée et plusieurs autres, sans aucun intervalle que celui des repas.

Tant que le procès ne fut pas clos, les jours s'envolaient rapides pour moi, si grande était ma tension d'esprit pour ces interminables réponses à des demandes si variées, et pour me recueillir aux heures du dîner et le soir, afin de réfléchir à tout ce qui m'avait été demandé et à ce que j'avais répondu, ainsi qu'à tous les points sur lesquels je serais probablement encore interrogé.

A la fin de la première semaine, il m'advint un grand déplaisir. Mon pauvre Pierre, désireux autant que je l'étais moi-même de pouvoir établir entre nous quelque communication, m'envoya un billet et se servit, non de l'un des guichetiers, mais d'un malheureux prisonnier qui venait avec eux faire quelque service dans nos chambres. C'était un homme de soixante à soixante-dix ans, condamné à je ne sais combien de mois de détention.

Avec une épingle que j'avais je me piquai un doigt, et je fis avec mon sang quelques lignes de réponse que je remis au messager. Il eut la malechance d'être épié, fouillé, trouvé avec le billet sur lui, et, si je ne me trompe, bâtonné. J'entendis des cris aigus qui me parurent venir du malheureux vieillard, et je ne le revis jamais plus.

Appelé à l'interrogatoire, je frémis en me voyant représenter mon petit papier barbouillé de sang qui, grâce au Ciel, ne parlait pas de choses pouvant nuire et avait l'air d'un simple bonjour. On me demanda avec quoi je m'étais tiré du sang; on m'enleva l'épingle, et on rit de ceux qu'on avait joués. Ah! moi, je ne ris pas! Je ne pouvais ôter de devant mes yeux le vieux messager. J'aurais volontiers souffert quelque châtiment pour qu'on lui pardonnât, et quand arrivèrent à mes oreilles les cris que je soupçonnais être de lui, mon cœur s'emplit de larmes.

En vain je demandai plusieurs fois de ses nouvelles au geôlier et aux guichetiers. Ils secouaient la tête et disaient : « Il l'a payé cher celui-là ; il n'en refera plus de semblables ; il jouit maintenant d'un peu plus de repos ». Ils ne voulaient pas s'expliquer davantage.

Faisaient-ils allusion à l'étroite prison où était tenu cet infortuné, ou parlaient-ils ainsi parce qu'il était mort sous la bastonnade ou de ses suites?

Un jour il me sembla le voir de l'autre côté de la cour, sous le portique, avec une charge de bois sur les épaules. Le cœur me palpita comme si j'avais revu un frère.

CHAPITRE VI

Quand je ne fus plus martyrisé par les interrogatoires et que je n'eus plus rien pour occuper mes journées, alors je sentis amèrement le poids de la solitude.

On me permit bien d'avoir une Bible et Dante; le concierge mit bien à ma disposition sa bibliothèque, consistant en quelques romans de Scudéry, du Piazzi et pire encore ; mais mon esprit était trop agité pour pouvoir s'appliquer à quelque lecture.

J'apprenais par cœur chaque jour un chant de
Dante, et cet exercice était cependant si machinal,
que je le faisais en pensant moins à ces vers qu'à
mes malheurs. Il m'en arrivait de même en lisant
d'autres choses, excepté parfois certains passages
de la Bible. Ce divin livre que j'avais toujours
beaucoup aimé, alors même que je me croyais incrédule, était maintenant étudié par moi avec plus
de respect que jamais. Toutefois, en dépit de mon
bon vouloir, je le lisais le plus souvent ayant l'esprit à autre chose, et je ne comprenais pas. Peu à
peu je devins capable de le méditer plus fortement
et de le goûter toujours davantage.

Une telle lecture ne me donna jamais la moindre
disposition à la bigoterie, c'est-à-dire à cette dévotion mal entendue qui rend pusillanime ou fana-
tique. Au contraire, elle m'enseignait à aimer Dieu
et les hommes, à désirer toujours davantage le
règne de la justice, à abhorrer l'iniquité tout en
pardonnant aux hommes iniques. Le christianisme, au lieu de défaire en moi ce que la philosophie pouvait y avoir fait de bon, l'affermissait,
le rendait meilleur par des raisons plus élevées,
plus puissantes.

Un jour, ayant lu qu'il faut prier sans cesse, et
que la véritable prière ne consiste pas à marmotter
beaucoup de mots à la façon des païens, mais à
adorer Dieu avec simplicité, tant en paroles qu'en
actions, et à faire que les unes et les autres soient
l'accomplissement de sa volonté sainte, je me pro-

posai de commencer consciencieusement cette in-
cessante prière, c'est-à-dire de ne plus me permettre
une pensée qui ne fût animée du désir de me conformer aux décrets de Dieu.

Les formules de prière que je récitais dans mon
adoration furent toujours peu nombreuses, non
par mépris (car je les crois au contraire très salu-
taires, à ceux-ci plus, à ceux-là moins, pour fixer
l'attention dans le culte), mais parce que je me
sens ainsi fait, que je ne suis pas capable d'en
réciter beaucoup sans tomber dans des distractions
et mettre l'idée du culte en oubli.

L'attention à me tenir constamment en présence
de Dieu, au lieu d'être un sujet de crainte, était
pour moi une très suave chose. En n'oubliant pas
que Dieu est toujours à côté de nous, qu'il est en
nous, ou plutôt que nous sommes en lui, la solitude perdait de plus en plus chaque jour de son
horreur pour moi. « Ne suis-je pas en sublime
compagnie »? me disais-je; et je me rassérénais,
et je chantonnais, et je sifflais avec plaisir et avec
attendrissement.

« Eh bien ! pensai-je, n'aurait-il pas pu m'arriver
une fièvre qui m'aurait mis au tombeau ? Tous ceux
qui me sont chers, qui, en me perdant, se seraient
abandonnés aux larmes, auraient cependant acquis
peu à peu la force de se résigner à mon absence.
Au lieu d'une tombe, c'est une prison qui m'a dévoré; dois-je croire que Dieu ne les munira pas
d'une force égale »?

3

Mon cœur exhalait les vœux les plus fervents pour eux, quelquefois avec des larmes ; mais les larmes elles-mêmes étaient mêlées de douceur. J'avais pleine confiance que Dieu nous soutiendrait, eux et moi. Je ne me suis pas trompé.

CHAPITRE VII

Vivre libre est beaucoup plus beau que de vivre en prison ; qui en doute ? Pourtant, même dans les misères d'une prison, quand on pense que Dieu y est présent, que les joies du monde sont fugaces, que le vrai bien est dans la conscience, et non dans les objets extérieurs, on peut sentir du plaisir à la vie. Pour moi, j'avais pris en moins d'un mois mon parti, je ne dirai pas complètement, mais d'une façon supportable. Je vis que, ne voulant pas commettre l'indigne action d'acheter l'impunité en poursuivant la perte d'autrui, mon sort ne pouvait être que la potence ou un long emprisonnement. Il était nécessaire de s'y résigner. « Je respirerai jusqu'à ce qu'ils me laissent un souffle, dis-je, et quand ils me l'enlèveront, je ferai comme tous les malades quand ils sont arrivés au suprême moment. Je mourrai ».

Je m'étudiais à ne me plaindre de rien, et à

donner à mon âme toutes les jouissances possibles.
La plus ordinaire était de renouveler l'énumération des biens qui avaient embelli mes jours : un père excellent, une excellente mère, des frères et des sœurs excellents, eux aussi, tels et tels amis, une bonne éducation, l'amour des lettres, etc. Qui plus que moi avait été comblé de félicité? Pourquoi ne pas en rendre grâces à Dieu, bien que maintenant tout cela soit tempéré par l'adversité? Alors, en faisant cette énumération, je m'attendrissais, et je pleurais un instant; mais le courage et la gaieté finissaient par revenir.

Dès les premiers jours, je m'étais fait un ami. Ce n'était pas le geôlier, ni aucun des guichetiers, ni aucun des juges du procès. Je parle pourtant d'une créature humaine. Qui était-ce? — Un petit enfant, sourd et muet, de cinq ou six ans. Son père et sa mère étaient des voleurs, et la loi les avait frappés. Le malheureux petit orphelin était maintenu entre les mains de la police, avec quelques autres enfants dans la même situation. Ils habitaient tous dans une chambre en face de la mienne, et à de certaines heures on leur ouvrait la porte pour qu'ils sortissent prendre l'air dans la cour.

Le sourd-muet venait sous ma fenêtre, me souriait et gesticulait. Je lui jetais un beau morceau de pain; il le prenait en faisant un bond de joie, courait à ses camarades et en donnait à tous; puis il venait manger sa petite portion près de ma fenêtre, exprimant sa gratitude avec le sourire de ses beaux yeux.

Les autres enfants me regardaient de loin, mais n'osaient pas m'approcher ; le sourd-muet avait une grande sympathie pour moi, non pas seulement par un motif d'intérêt. Quelquefois il ne savait que faire du pain que je lui jetais, et me faisait signe que lui et ses camarades avaient bien mangé et ne pouvaient prendre plus de nourriture. S'il voyait venir un guichetier dans ma chambre, il lui donnait le pain pour qu'il me le rendît. Bien qu'il n'attendît alors rien de moi, il continuait à folâtrer devant ma fenêtre avec une grâce tout aimable, se réjouissant que je le visse. Une fois un guichetier permit à l'enfant d'entrer dans ma prison ; celui-ci, à peine entré, courut m'embrasser les jambes en poussant un cri de joie. Je le pris dans mes bras, et je ne saurais décrire le transport avec lequel il me comblait de caresses. Que d'amour dans cette chère petite âme ! Comme j'aurais voulu pouvoir le faire élever, et le sauver de l'abjection dans laquelle il se trouvait !

Je n'ai jamais su son nom. Lui-même ne savait pas en avoir un. Il était toujours gai, et je ne le vis jamais pleurer qu'une fois qu'il fut battu, je ne sais pourquoi, par le geôlier. Chose étrange ! vivre en de semblables lieux semble le comble de l'infortune, et pourtant cet enfant avait certainement autant de félicité que peut en avoir à cet âge le fils d'un prince. Je faisais cette réflexion, et j'apprenais ainsi que l'humeur peut se rendre indépendante du lieu. Gouvernons l'imagination, et nous serons bien presque partout. Un jour est vite passé, et quand le soir on se met au lit sans faim et sans douleurs aiguës, qu'importe que ce lit soit plutôt entre des murs qui s'appellent prison, ou entre des murs qui s'appellent maison ou palais?

Excellent raisonnement! Mais comment faire pour gouverner l'imagination? Je m'y essayais, et il me semblait bien parfois y réussir à merveille; mais d'autres fois elle triomphait tyranniquement, et moi, plein de dépit, je m'étonnais de ma faiblesse.

CHAPITRE VIII

« Dans mon malheur, je suis pourtant heureux, disais-je, qu'on m'ait donné une prison au rez-de-chaussée, sur cette cour, où, à quatre pas de moi, vient ce cher petit enfant, avec lequel j'entretiens si doucement une conversation muette! Admirable intelligence humaine! Que de choses nous nous disons, lui et moi, par l'expression infinie des regards et de la physionomie! Comme il règle ses mouvements avec grâce, quand il sourit! Comme il les corrige, quand il voit qu'ils me déplaisent!

Comme il comprend que je l'aime, quand il caresse ou qu'il régale un de ses camarades! Personne au monde ne se l'imagine, et pourtant moi, debout près de la fenêtre, je puis être une espèce d'éducateur pour cette pauvre petite créature. A force de répéter notre mutuel exercice de signes, nous perfectionnerons la communication de nos idées. Plus il sentira qu'il s'instruit et qu'il s'ennoblit avec moi, plus il m'affectionnera. Je serai pour lui le génie de la raison et de la bonté ; il apprendra à me confier ses douleurs, ses joies, ses désirs ; moi, j'apprendrai à le consoler, à le rendre meilleur, à le diriger dans toute sa conduite. Qui sait si, en tenant mon sort indécis de mois en mois, on ne me laissera pas vieillir ici? Qui sait si cet enfant ne croîtra pas sous mes yeux, et ne sera pas employé à quelque service dans cette maison? Avec autant d'intelligence qu'il en montre, que pourra-t-il devenir? Hélas! rien de plus qu'un excellent guichetier, ou quelque autre chose de semblable. Eh bien, n'aurai-je pas fait une bonne œuvre, si j'ai contribué à lui inspirer le désir de plaire aux honnêtes gens et à lui-même, à lui donner l'habitude des sentiments de bienveillance »?

Ce soliloque était très naturel. J'eus toujours beaucoup d'inclination pour les enfants, et la profession d'instituteur me paraît sublime. Je remplissais un semblable office, depuis quelques années, auprès de Jean et de Jules Porro, deux jeunes gens de belle espérance, que j'aimais comme mes fils et que j'aimerai toujours ainsi. Dieu sait combien de fois en prison j'ai pensé à eux , combien je me suis affligé de ne pouvoir compléter leur éducation, quels vœux ardents j'ai formés pour qu'ils rencontrassent un nouveau maître qui m'égalât pour les aimer!

Parfois je m'écriais à part moi : « Quelle grossière parodie est-ce là ? Au lieu de Jean et de Jules, enfants doués des dons les plus splendides que la nature et la fortune puissent faire, j'ai pour disciple un pauvre petit, sourd, muet, déguenillé, fils d'un voleur!... qui tout au plus deviendra un guichetier, ce que, en termes un peu moins choisis, on nommerait sbire ».

Ces réflexions me confondaient, me décourageaient. Mais à peine entendais-je le cri de mon petit muet que tout mon sang se troublait comme celui d'un père qui entend la voix de son fils. Et ce cri et sa vue dissipaient en moi toute idée d'abaissement à son égard. « Est-ce que c'est sa faute, à lui, s'il est déguenillé et infirme, s'il est d'une race de voleurs? Une âme humaine, dans l'âge d'innocence, est toujours respectable ». Ainsi disais-je; et je le regardais chaque jour avec plus de tendresse, et il me semblait qu'il croissait en intelligence, et je me confirmais dans la douce pensée de m'appliquer à le dégrossir. Et en rêvant à toutes les possibilités, je pensais que je serais peut-être un jour hors de prison, et que j'aurais le moyen de faire mettre cet enfant au collège des sourds-muets et de lui ouvrir ainsi le chemin à une condition plus belle que celle d'être sbire.

Pendant que je m'occupais ainsi délicieusement de son bonheur, deux guichetiers vinrent un jour me prendre.

« Il faut changer de logis, monsieur.

— Que voulez-vous dire ?

— Que nous avons ordre de vous transférer dans une autre chambre.

— Pourquoi ?

— Quelque autre gros oiseau a été pris, et cette chambre étant la meilleure... monsieur comprend bien...

— Je comprends : c'est la première halte des nouveaux arrivés ».

Et ils me conduisirent du côté opposé de la cour. Mais, hélas ! ce n'était plus au rez-de-chaussée, et je ne pouvais plus causer avec mon petit muet. En traversant cette cour, je vis ce cher enfant assis à terre, étonné, chagrin ; il comprit qu'il me perdait. Au bout d'un instant il se leva, accourut à ma rencontre. Des guichetiers voulaient le chasser ; je le pris dans mes bras et, tout sale qu'il était, je le baisai et le rebaisai avec tendresse, et je me détachai de lui, — dois-je le dire ? — les yeux inondés de larmes.

CHAPITRE IX

Mon pauvre cœur! tu aimes si facilement et si chaudement, et à combien de séparations, hélas! n'as-tu pas été déjà condamné! Celle-ci ne fut certainement pas la moins douloureuse; et je la ressentis d'autant plus que mon nouveau logement était des plus tristes. Une mauvaise chambre, obscure, sale, avec une fenêtre ayant pour carreaux non des verres, mais du papier, avec les murs souillés de sottes et grossières peintures, je n'ose dire de quelles couleurs, et, dans les endroits qui n'étaient pas peints, il y avait des inscriptions. Beaucoup portaient simplement le nom, le prénom et la patrie de quelque infortuné, avec la date du jour funeste de son arrestation. D'autres ajoutaient des exclamations contre les faux amis, contre eux-mêmes, contre une femme, contre le juge, etc. D'autres étaient des abrégés autobiographiques. D'autres contenaient des sentences morales; il y avait ces paroles de Pascal :

« Que ceux qui combattent la religion apprennent au moins ce qu'elle est avant de la combattre. Si cette religion se vantait d'avoir une vue claire de Dieu et de le posséder sans voile, ce serait la combattre que de dire que *l'on ne voit rien dans le monde qui le montre avec tant d'évidence*. Mais puisqu'elle dit au contraire que les hommes sont dans les ténèbres et loin de Dieu, qui s'est caché à leur connaissance; que c'est même le nom qu'il se donne dans les Écritures, *Deus absconditus*..., quel avantage peuvent-ils tirer lorsque, dans la négligence qu'il professent quant à la science de la vérité, ils s'écrient que cette vérité, rien ne la leur montre »?

Puis, au-dessous était écrit (paroles du même auteur) :

« Il ne s'agit pas ici du frivole intérêt de quelque personne étrangère, il s'agit de nous-mêmes et de notre tout. L'immortalité de l'âme est une chose qui nous importe si fort, et qui nous touche si profondément, qu'il faut avoir perdu tout sentiment pour être dans l'indifférence de savoir ce qui en est ».

Une autre inscription disait :

« Je bénis la prison, parce qu'elle m'a fait connaître l'ingratitude des hommes, ma misère et la bonté de Dieu ».

A côté de ces humbles paroles, étaient les plus violentes et les plus orgueilleuses imprécations de quelqu'un qui se disait athée, et qui se déchaînait contre Dieu, comme s'il eût oublié avoir dit qu'il n'y avait pas de Dieu.

Après une colonne de pareils blasphèmes, en venait une d'injures contre les lâches, ainsi les appelait-il, que l'infortune de la prison rend religieux.

Je montrai ces infamies à un des guichetiers, et je lui demandai qui les avait écrites. « Cela me fait plaisir d'avoir trouvé cette inscription, dit-il. Il y en a tant, et j'ai si peu le temps de les chercher ».

Et, sans plus de réflexions, il se mit à gratter le mur avec un couteau pour la faire disparaître.

« Pourquoi cela ? dis-je.

— Parce que le pauvre diable qui l'a écrite, et qui fut condamné à mort pour homicide avec préméditation, s'en est repenti et m'a fait prier d'avoir cette charité.

— Dieu lui pardonne ! m'écriai-je. Quel homicide était le sien ?

— Ne pouvant tuer son ennemi, il se vengea en lui tuant son fils, le plus bel enfant qu'il y eût sur la terre ».

J'eus un mouvement d'horreur. La férocité peut-elle arriver à ce point ! Et un tel monstre tenait le langage insultant d'un homme supérieur à toutes les faiblesses humaines ! Tuer un innocent ! un enfant !

CHAPITRE X

Dans ma nouvelle chambre si sombre et si immonde, privé de la compagnie du cher muet, j'étais oppressé de tristesse. Je me tenais de longues heures à la fenêtre qui donnait sur une galerie, et au delà de la galerie on voyait l'extrémité de la cour et la fenêtre de ma première chambre. Qui m'avait succédé là-bas? J'y voyais un homme qui se promenait beaucoup et rapidement, comme quelqu'un rempli d'agitation. Deux ou trois jours après, je vis qu'on lui avait donné de quoi écrire, et alors il se tenait tout le jour devant sa table.

Finalement je le reconnus. Il sortait de sa chambre accompagné du geôlier; il allait à l'interrogatoire. C'était Melchior Gioja!

Mon cœur se serra. Toi aussi, vaillant homme, tu es ici! (Il fut plus heureux que moi. Après quelques mois de détention, il fut remis en liberté).

La vue de toute créature bonne me console, me rend plus affectueux, me fait penser. Ah! penser et aimer sont un grand bien! J'aurais donné ma vie pour sauver Gioja de prison; et cependant le voir me soulageait.

Après être resté longtemps à le regarder, à conjecturer, d'après ses mouvements, s'il avait l'âme tranquille ou inquiète, à faire des vœux pour lui, je me sentais une plus grande force, une plus grande abondance d'idées, un plus grand contentement de moi-même. Cela veut dire que le spectacle d'une créature humaine pour laquelle on a de l'amour, suffit à tempérer la solitude. J'avais tout d'abord été redevable de ce bienfait à un pauvre bambin muet, et maintenant je le devais à la vue lointaine d'un homme de grand mérite.

Peut-être quelque guichetier lui dit où j'étais. Un matin, en ouvrant la fenêtre, il fit flotter son mouchoir de poche en manière de salut. Je lui répondis par le même signe. Oh! quel plaisir m'inonda l'âme en ce moment! Il me semblait que la distance avait disparu, que nous étions ensemble. Le cœur me bondissait comme à un amoureux qui revoit sa bien-aimée. Nous gesticulions sans nous comprendre, et avec la même vivacité que si nous nous étions compris; ou plutôt nous nous comprenions réellement; ces gestes voulaient dire tout ce que nos âmes ressentaient, et l'une n'ignorait pas ce que ressentait l'autre.

De quel confort ces saluts semblaient devoir être pour moi dans l'avenir! Et l'avenir vint, mais ces saluts ne furent plus renouvelés. Chaque fois que je revoyais Gioja à la fenêtre, je faisais flotter mon mouchoir. En vain! Les guichetiers me dirent qu'il lui était défendu de provoquer mes gestes ou d'y répondre. Néanmoins il me regardait souvent, et je le regardais, et ainsi nous nous disions encore bien des choses.

CHAPITRE XI

Sur la galerie qui était sous la fenêtre, au niveau même de ma prison, passaient et repassaient du matin au soir d'autres prisonniers, accompagnés par un guichetier. Ils allaient à l'interrogatoire et en revenaient. C'étaient, pour la plupart, des gens de la plus basse condition. J'en vis néanmoins aussi quelques-uns qui semblaient de condition honnête. Bien que je ne pusse pas fixer longtemps mes regards sur eux, tant était rapide leur passage, ils attiraient cependant mon attention. Tous, plus ou moins, me causaient de l'émotion. Ce triste spectacle, dans les premiers jours, accroissait mes douleurs; mais peu à peu je m'y accoutumai, et il finit même, lui aussi, par diminuer l'horreur de ma solitude.

Il me passait pareillement sous les yeux un grand nombre de femmes arrêtées. De cette galerie on allait, par une voûte, sur une autre cour, et là se trouvaient les prisons des femmes et l'hôpital pour celles qui étaient atteintes de syphilis. Un seul mur, assez mince, me séparait d'une des chambres des femmes. Souvent les pauvres créatures m'assourdissaient avec leurs chansons, quelquefois avec leurs querelles. Le soir, quand les rumeurs avaient cessé, j'entendais leur conversation.

Si j'avais voulu prendre part au colloque, je l'aurais pu. Je m'en abstins je ne sais pourquoi. Par timidité? par fierté? par crainte prudente de m'affectionner pour des femmes dégradées? Ce devait être pour ces trois motifs à la fois. La femme, quand elle est ce qu'elle doit être, est pour

moi une créature si sublime ! La voir, l'entendre,
lui parler, enrichit mon esprit de nobles pensées.
Mais, avilie, méprisable, elle me trouble, m'afflige, me dépoétise le cœur.

Et cependant... (les *cependant* sont indispen-
sables pour dépeindre l'homme, être si complexe)
parmi ces voix féminines, il y en avait de suaves,
et celles-là, — pourquoi ne le dirais-je pas ? —
m'étaient chères. Une de ces dernières était plus
suave que les autres ; on l'entendait plus rarement,
et elle n'exprimait pas de pensées vulgaires. Elle
chantait peu, et le plus souvent ces deux seuls
vers pathétiques :

> Chi rende alla meschina
> La sua felicità[1]?

Quelquefois elle chantait les litanies. Ses codé-
tenues l'accompagnaient ; mais j'avais le don de
discerner la voix de Madeleine parmi les autres,
qui semblaient par trop acharnées à m'empêcher
de l'entendre.

Oui, cette malheureuse s'appelait Madeleine.
Quand ses compagnes racontaient leurs peines,
elle y compatissait et en gémissait, et elle répétait :
« Courage, ma chère ; le Seigneur n'abandonne
personne ».

Qui pouvait m'empêcher de me l'imaginer belle
et plus infortunée que coupable, née pour la
vertu, capable d'y retourner si elle s'en était écar-

---

1. Qui rendra à la malheureuse sa félicité?

tée? Qui pourrait me blâmer, si je m'attendrissais en l'écoutant, si je l'écoutais avec vénération, si je priais pour elle avec une ferveur particulière?

L'innocence est respectable; mais combien l'est aussi le repentir! Le meilleur des hommes, l'homme-Dieu, dédaignait-il de porter son regard plein de pitié sur les pécheresses, de respecter leur confusion, de les admettre parmi les âmes qu'il honorait le plus? Pourquoi méprisons-nous tant la femme tombée dans l'ignominie?

En raisonnant ainsi, je fus cent fois tenté d'élever la voix et de faire une déclaration d'amour fraternel à Madeleine. Une fois j'avais déjà commencé la première syllabe de son nom : « Mad...! » Chose étrange! le cœur me battait comme à un jeune amoureux de quinze ans; et moi, j'en avais trente et un. ce qui n'est plus l'âge des palpitations enfantines.

Je ne pus aller plus avant. Je recommençai : « Mad...! Mad...! » et ce fut inutile. Je me trouvai ridicule, et je criai de rage : « Matto [1], et non Mad...! ».

CHAPITRE XII

Ainsi finit mon roman avec cette pauvre créature, si ce n'est que je lui fus redevable des plus

1. Fou.

doux sentiments pendant quelques semaines. Souvent j'étais mélancolique, et sa voix me remettait en gaieté ; souvent, en pensant à la lâcheté et à l'ingratitude des hommes, je m'irritais contre eux ; je haïssais l'univers, et la voix de Madeleine revenait me disposer à la compassion et à l'indulgence.

« Puisses-tu, ô pécheresse inconnue, n'avoir pas été condamnée à une peine grave ! ou, à quelque peine que tu aies été condamnée, puisses-tu en profiter et te réhabiliter, et vivre et mourir chère au Seigneur ! Puisses-tu être plainte et respectée de tous ceux qui te connaissent, comme tu le fus de moi qui ne t'ai pas connue ! Puisses-tu inspirer à tous ceux qui te verront la patience, la douceur, le désir de la vertu, la confiance en Dieu, comme tu les as inspirés à celui qui t'aima sans te voir ! Mon imagination a pu errer en te figurant à moi comme belle de corps, mais ton âme, j'en suis sûr, était belle. Tes compagnes parlaient grossièrement, et toi avec pudeur et noblesse. Elles blasphémaient, et toi tu bénissais Dieu ; elles se disputaient, et tu apaisais leurs différends. Si quelqu'un t'a tendu la main pour te tirer de la carrière du déshonneur, s'il t'a rendu service avec délicatesse, s'il a séché tes larmes, que toutes les consolations pleuvent sur lui, sur ses fils et sur les fils de ses fils ! »

Contiguë à la mienne, était une prison habitée par plusieurs hommes. Je les entendais aussi parler. Un d'eux surpassait les autres en autorité, non peut-être qu'il fût d'une condition plus raffinée, mais par plus de faconde et d'audace. Il faisait, comme on dit, le docteur. Il discutait et imposait silence à ses contradicteurs par sa voix impérieuse et par la fougue de ses paroles; il leur dictait ce qu'ils devaient penser et sentir, et ceux-ci, après quelque résistance, finissaient par lui donner raison en tout.

Les malheureux! Pas un d'eux qui tempérât les ennuis de la prison en exprimant quelque doux sentiment, quelque peu de religion et d'amour!

Le chef de ces voisins me salua, et je lui répondis. Il me demanda comment je passais *cette maudite vie*. Je lui dis que, bien que triste, il n'y avait pas de vie maudite pour moi, et que, jusqu'à la mort, il fallait chercher à jouir du plaisir de penser et d'aimer.

« Expliquez-vous, monsieur, expliquez-vous ».

Je m'expliquai, et je ne fus pas compris. Et quand, après d'ingénieux ambages préparatoires, j'eus le courage d'indiquer comme exemple la tendresse si chère qu'avait éveillée en moi la voix de Madeleine, le chef partit d'un grand éclat de rire.

« Qu'est-ce? qu'est-ce »? crièrent ses compagnons. — Le profane répéta, en les travestissant, mes paroles, et les rires redoublèrent en chœur; et je fis là complètement la figure d'un sot.

Il en est en prison comme dans le monde. Ceux

qui mettent leur science à frémir de colère, à se
plaindre, à vilipender les autres, croient que c'est
folie de compatir, d'aimer, de se consoler par de
belles illusions qui honorent l'humanité et son
Auteur.

CHAPITRE XIII

Je laissai rire et n'opposai pas une syllabe. Les
voisins m'adressèrent deux ou trois fois la parole;
moi, je restai muet.

« Il ne viendra plus à la fenêtre. — Il s'en est
allé. — Il tend l'oreille aux soupirs de Madeleine.
— Il se sera offensé de nos rires ».

C'est ainsi qu'ils parlèrent pendant quelques
instants, et finalement le chef imposa silence aux
autres qui chuchotaient sur mon compte.

« Taisez-vous, imbéciles qui ne savez ce que
diable vous dites. Le voisin d'ici n'est pas si âne
que vous croyez. Vous n'êtes capables de réfléchir
sur rien. Moi, j'éclate de rire, mais ensuite je
réfléchis. Tous les grossiers vauriens savent faire
leurs enragés, comme nous le faisons nous autres.
Un peu plus de douce gaieté, un peu plus de
charité, un peu plus de foi dans les bienfaits du
Ciel, de quoi cela vous paraît-il sincèrement être
l'indice?

— Maintenant que je réfléchis, moi aussi, répondit l'un d'eux, il me semble que c'est l'indice qu'on est un peu moins vaurien.

— Bravo! cria le chef avec un hurlement de stentor; cette fois je reviens à avoir quelque estime de ta caboche ».

Je ne m'enorgueillissais pas beaucoup de passer seulement pour *un peu moins vaurien* qu'eux; et pourtant j'éprouvais une sorte de joie de ce que ces malheureux ouvrissent les yeux sur l'importance de cultiver les sentiments bienveillants.

J'agitai la croisée comme si j'étais alors revenu. Le chef m'appela. Je répondis, espérant qu'il avait envie de moraliser à ma manière. Je me trompai. Les esprits vulgaires fuient les raisonnements sérieux : si une noble vérité luit en eux, ils sont capables d'y applaudir un instant, mais un instant après ils détournent d'elle leur regard, et ne résistent pas à l'envie de faire ostentation d'esprit, en mettant cette vérité en doute et la raillant.

Il me demanda ensuite si j'étais en prison pour dettes.

« Non.

— Peut-être accusé d'escroquerie? accusé faussement, bien entendu.

— Je suis accusé de toute autre chose.

— D'affaires d'amour?

— Non.

— D'homicide?

— Non.

— De carbonarisme?

— Précisément.

— Et qu'est-ce que ces carbonari?

— Je les connais si peu que je ne saurais vous le dire ».

Un guichetier nous interrompit en grande colère, et, après avoir accablé d'injures mes voisins, il se tourna vers moi avec la gravité non d'un sbire, mais d'un maître, et dit : « Vous n'avez pas honte, monsieur! daigner converser avec toute sorte de gens! Monsieur sait-il que ces gens-là sont des voleurs »?

Je rougis, et puis je rougis d'avoir rougi, et il me sembla que daigner converser avec toute sorte d'infortunés était plutôt bonté que faute.

CHAPITRE XIV

Le matin suivant j'allai à la fenêtre pour voir Melchior Gioja, mais je ne conversai plus avec les voleurs. Je répondis à leur salut, et je dis qu'il m'était défendu de parler.

Vint le greffier qui m'avait fait subir les interrogatoires, et qui m'annonça avec mystère une visite qui devait me faire plaisir. Et quand il lui sembla m'avoir suffisamment préparé, il dit : « En somme, c'est votre père ; veuillez me suivre ».

Je le suivis en bas dans les bureaux, palpitant de contentement et de tendresse, et m'efforçant d'avoir un visage serein qui tranquillisât mon pauvre père.

Lorsqu'il avait su mon arrestation, il avait espéré qu'il ne s'agissait que de soupçons de peu d'importance, et que je sortirais vite. Mais, voyant que la détention durait, il était venu solliciter le gouvernement autrichien pour ma mise en liberté. Misérables illusions de l'amour paternel! Il ne pouvait croire que j'eusse été assez téméraire pour m'exposer à la rigueur des lois, et la gaieté étudiée avec laquelle je lui parlai lui persuada que je n'avais pas de malheurs à craindre.

Le court entretien qui nous fut accordé m'agita d'une façon indicible, d'autant plus que je réprimais toute apparence d'agitation. Le plus difficile fut de ne pas la montrer quand il fallut nous séparer.

Dans les circonstances où se trouvait l'Italie, je tenais pour certain que l'Autriche donnerait des exemples extraordinaires de rigueur, et que je serais condamné à mort ou à de nombreuses années de prison. Dissimuler cette croyance à un père! l'illusionner par la démonstration d'espérances fondées de mise en liberté prochaine! ne pas fondre en larmes en l'embrassant, en lui parlant de ma mère, de mes frères et de mes sœurs que je ne pensais plus revoir jamais sur la terre! le prier, d'une voix exempte d'angoisse, de venir encore me voir s'il pouvait! rien, jamais, ne me coûta violence pareille.

Il se sépara de moi absolument consolé, et moi, je retournai dans ma prison le cœur déchiré. A peine me vis-je seul que j'espérai pouvoir me soulager en m'abandonnant aux pleurs. Ce soulagement me manqua. J'éclatais en sanglots, et je ne pouvais verser une larme. Le malheur de ne pouvoir pleurer est une des plus cruelles parmi les plus grandes douleurs, et combien de fois, hélas ! l'ai-je éprouvé ?

Une fièvre ardente me prit avec un très fort mal de tête. Je n'avalai pas une cuillerée de soupe de tout le jour. « Si ce pouvait être une maladie mortelle, disais-je, qui abrégeât mon martyre ! »

Stupide et lâche désir ! Dieu ne l'exauça pas, et maintenant je lui en rends grâces. Et je lui en rends grâces, non pas seulement parce que, après dix années de prison, j'ai revu ma chère famille et que je peux me dire heureux, mais aussi parce que les maux soufferts ajoutent une valeur à l'homme, et je veux espérer qu'ils n'ont pas été inutiles pour moi.

CHAPITRE XV

Deux jours après, mon père revint. J'avais bien dormi pendant la nuit, et j'étais sans fièvre. Je me recomposai une contenance dégagée et enjouée, et personne ne se douta de ce que mon cœur avait souffert et souffrait encore.

« J'ai la certitude, me dit mon père, que dans quelques jours tu seras renvoyé à Turin. Déjà nous t'avions préparé ta chambre, et nous t'attendions avec une grande anxiété. Les devoirs de mon emploi m'obligent à repartir. Fais en sorte, je t'en prie, fais en sorte de nous rejoindre promptement ».

Sa tendre et mélancolique affection me déchirait l'âme. La feinte me semblait commandée par la pitié, et pourtant je ne l'employais qu'avec une espèce de remords. N'aurait-ce pas été chose plus digne de mon père et de moi si je lui avais dit : « Probablement nous ne nous reverrons plus en ce monde! Séparons-nous en hommes, sans murmurer, sans gémir, et que j'entende prononcer sur ma tête la bénédiction paternelle ».

Ce langage m'aurait plu mille fois mieux que la feinte. Mais je regardais les yeux de ce vénérable vieillard, ses traits, ses cheveux gris, et il ne me semblait pas que l'infortuné pût avoir la force d'entendre de telles choses.

Et si, pour ne pas vouloir le tromper, je l'avais vu s'abandonner au désespoir, peut-être s'évanouir, peut-être (horrible pensée!) être frappé de mort dans mes bras!

Je ne pus lui dire la vérité, ni la lui laisser entrevoir! Ma sérénité factice l'illusionna pleinement. Nous nous séparâmes sans larmes. Mais, revenu en prison, je fus saisi des mêmes angoisses que la première fois, ou plus cruellement encore ; et ce fut aussi en vain que j'invoquai le don des pleurs.

Me résigner à toute l'horreur d'une longue prison, me résigner à l'échafaud, était dans la mesure de mes forces. Mais me résigner à l'immense douleur qu'en auraient éprouvée mon père, ma mère, mes frères et sœurs ! ah ! c'était à quoi mes forces ne pouvaient suffire.

Je me prosternai alors à terre avec une ferveur comme je n'en avais jamais eu de si forte, et je prononçai cette prière :

« Mon Dieu, j'accepte tout de ta main ; mais fortifie si vigoureusement les cœurs à qui j'étais nécessaire, que je cesse de leur être tel, et que la vie d'aucun d'eux n'ait à en être abrégée seulement d'un jour ! »

O bienfait de la prière ! Je restai plusieurs heures l'esprit élevé à Dieu, et ma confiance croissait à mesure que je méditais sur la bonté divine, à mesure que je méditais sur la grandeur de l'âme humaine, quand elle s'affranchit de son égoïsme et s'efforce de n'avoir plus d'autre volonté que la volonté de l'infinie Sagesse.

Oui, cela se peut ! Voilà le devoir de l'homme ! La raison, qui est la voix de Dieu, la raison dit qu'il faut tout sacrifier à la vertu. Et serait-il complet, le sacrifice dont nous sommes débiteurs envers la vertu, si, dans les cas les plus douloureux, nous luttions contre la volonté de Celui qui est le principe de toute vertu !

Quand le gibet ou tout autre martyre est inévitable, le craindre lâchement, ne pas savoir y marcher en bénissant le Seigneur, est un signe de misérable dégradation ou d'ignorance. Et il faut non seulement consentir à notre propre mort, mais à l'affliction qu'en éprouveront ceux qui nous sont chers. Il ne nous est pas permis de demander autre chose, si ce n'est que Dieu la tempère, que Dieu nous soutienne tous ; une telle prière est toujours exaucée.

CHAPITRE XVI

Quelques jours se passèrent, et j'étais dans le même état, c'est-à-dire dans une tristesse douce, pleine de paix et de pensées religieuses. Il me semblait avoir triomphé de toute faiblesse et ne plus être accessible à aucune inquiétude. Folle illusion ! L'homme doit tendre à une parfaite constance, mais il n'y arrive jamais sur la terre. Qui vint me troubler ? —La vue d'un ami infortuné, la vue de mon bon Pierre, qui passa à quelques pas de moi, sur la galerie, pendant que j'étais à la fenêtre. On l'avait extrait de son cachot pour le conduire aux prisons criminelles.

Lui et ceux qui l'accompagnaient passèrent si vite qu'à peine eus-je le temps de le reconnaître, de voir son geste de salut et de le lui rendre.

Pauvre jeune homme! Dans la fleur de l'âge, avec un génie plein de splendides espérances, avec un caractère honnête, délicat, très aimant, fait pour jouir glorieusement de la vie, précipité en prison, pour affaires politiques, dans un temps où il n'était pas certain d'éviter les foudres les plus sévères de la loi!

Je fus pris d'une telle compassion pour lui, d'un tel désespoir de ne pouvoir le racheter, de ne pouvoir au moins le réconforter par ma présence et par mes paroles, que rien ne réussissait à me donner un peu de calme. Je savais combien il aimait sa mère, son frère, ses sœurs, son beau-frère, ses neveux; combien ardemment il désirait contribuer à leur bonheur, combien il était à son tour aimé de ces êtres chéris. Je sentais quelle devait être l'affliction de chacun d'eux dans une telle disgrâce. Il n'y a pas de termes pour exprimer la fureur qui s'empara alors de moi. Et cette fureur se prolongea d'autant plus que je désespérais de plus jamais l'apaiser.

Cette crainte aussi était une illusion. O affligés qui vous croyez la proie d'une inéluctable, horrible et toujours croissante douleur, patientez un peu, et vous serez détrompés! Ni souveraine paix ni souveraine inquiétude ne peuvent durer ici-bas. Il convient de se persuader de cette vérité pour ne

pas s'enorgueillir dans les heures heureuses, et ne
pas s'avilir dans les heures troublées.

A une longue fureur succédèrent la fatigue et
l'apathie. Mais l'apathie non plus n'est pas durable,
et je craignis d'avoir désormais à alterner, sans
refuge possible, entre celle-ci et l'excès opposé. La
perspective d'un semblable avenir me remplit
d'horreur, et je recourus cette fois encore ardemment à la prière.

Je demandai à Dieu d'assister le malheureux
Pierre comme moi, et sa maison comme la mienne.
Ce ne fut qu'en répétant ces veux que je pus vrai-
ment me tranquilliser.

CHAPITRE XVII

Mais quand l'âme était calmée, je réfléchissais
aux fureurs dont j'avais souffert, et, me courrou-
çant sur ma faiblesse, j'étudiais le moyen de m'en
guérir. Voici l'expédient qui me réussit à cet effet :
chaque matin, ma première occupation, après un
court hommage au Créateur, était de faire une
exacte et courageuse revue de tous les événements
possibles propres à m'émouvoir. Sur chacun d'eux
j'arrêtais vivement mon imagination, et je m'y pré-
parais : — depuis les plus chères visites jusqu'à la
visite du bourreau, je me les imaginais toutes. Ce

triste exercice me sembla pendant quelques jours insupportable, mais je voulus persévérer, et bientôt j'en fus content.

Au premier de l'an (1821), le comte Luigi Porro obtint de venir me voir. La tendre et chaude amitié qui existait entre nous, le besoin que nous avions de nous dire tant de choses, l'empêchement apporté à cette effusion par la présence d'un greffier, les instants trop courts qu'il nous fut donné de rester ensemble, les sinistres pressentiments qui me remplissaient d'angoisses, les efforts que nous faisions, lui et moi, pour paraître tranquilles, tout cela semblait devoir me mettre une tempête des plus terribles au cœur. Séparé de ce cher ami, je me sentis redevenu calme, attendri, mais calme.

Telle est l'efficacité de se prémunir contre les fortes émotions.

Mon besoin d'acquérir un calme constant ne provenait pas tant du désir de diminuer mon infortune que de l'aspect grossier et indigne de l'homme sous lequel m'apparaissait l'inquiétude. Une âme agitée ne raisonne plus : entraînée dans un tourbillon irrésistible d'idées exagérées, elle se forme une logique maladroite, furibonde, malveillante; elle est dans un état absolument antiphilosophique, antichrétien.

Si j'étais prédicateur, j'insisterais souvent sur la nécessité de bannir l'inquiétude : on ne peut être bon à d'autres conditions. Comme il était pacifique avec lui-même et avec les autres, Celui que nous devons tous imiter ! Il n'y a pas de grandeur d'âme, il n'y a pas de justice sans idées modérées, sans un esprit plus porté à sourire qu'à s'irriter des événements de cette courte vie. La colère n'a quelque valeur que dans le cas très rare où l'on peut espérer humilier par elle un méchant et le retirer de l'iniquité.

Peut-être y a-t-il des fureurs de nature opposée à celles que je connais, et moins condamnables. Mais celle qui m'avait jusqu'alors fait son esclave, n'était pas une colère de pure affliction ; il s'y mêlait toujours beaucoup de haine, une grande propension à maudire, à me dépeindre la société, ou tels et tels individus, avec les couleurs les plus exécrables. Maladie épidémique dans le monde ! L'homme se croit meilleur en abhorrant les autres. Il semble que tous les amis se disent à l'oreille : « Aimons-nous seulement entre nous ; crions que tous les autres sont de la canaille, il semblera que nous soyons des demi-dieux ».

Chose curieuse, que cette vie de rage constante plaise tant ! On y met une espèce d'héroïsme. Si l'objet contre lequel on s'irritait hier est mort, on en cherche tout de suite un autre. « De qui me plaindrai-je aujourd'hui ? Qui haïrai-je Ne serait-ce pas là le monstre ?... O joie ! Je l'ai trouvé. Venez, amis, déchirons-le ».

Ainsi va le monde ; et, sans le déchirer, je puis bien dire qu'il va mal.

CHAPITRE XVIII

Il n'y avait pas grande méchanceté à me plaindre de l'état horrible de la chambre où l'on m'avait mis. Par un heureux hasard, une meilleure devint vacante, et on me fit l'aimable surprise de me la donner.

N'aurais-je pas dû être très content à une pareille nouvelle? Et pourtant... toujours est-il que je n'ai pu penser à Madeleine sans chagrin. Quel enfantillage! s'affectionner toujours à quelque chose, même pour des raisons en vérité bien peu fortes! En sortant de cette mauvaise chambre, je jetai un regard en arrière, vers le mur contre lequel je m'étais si souvent appuyé, pendant que peut-être, un pied plus loin, s'y appuyait du côté opposé la misérable pécheresse. J'aurais voulu entendre encore une fois ces deux vers pathétiques :

> Chi rende alla meschina
> La sua felicità ?

Vain désir! Voilà une séparation de plus dans ma vie de misères. Je ne veux pas en parler longuement pour ne pas faire rire de moi; mais je serais hypocrite, si je ne confessais pas que j'en fus attristé pendant plusieurs jours.

En m'en allant, je saluai deux des pauvres voleurs, mes voisins, qui étaient à la fenêtre. Le chef n'y était pas ; mais, averti par ses compagnons, il accourut, et me rendit mon salut, lui aussi. Il se mit ensuite à chanter l'air : *Chi rende alla meschina*. Voulait-il se railler de moi ? Je conviens que si l'on faisait cette demande à cinquante personnes, quarante-neuf répondraient : « Oui ». Eh bien, en dépit d'une telle majorité de voix, j'incline à croire que le brave voleur avait l'intention de me faire une gracieuseté. Je la reçus comme telle, et je lui en fus reconnaissant, et je lui donnai un nouveau regard ; et lui, étendant le bras en dehors des barreaux avec son bonnet à la main, il me faisait encore signe alors que je me tournais pour descendre l'escalier.

Quand je fus dans la cour, j'eus une consolation. Le petit muet était là sous le portique. Il me vit, me reconnut et voulut courir à ma rencontre. La femme du geôlier, qui sait pourquoi ? le saisit par le collet et le poussa dans la maison. Je fus fâché de ne pouvoir l'embrasser, mais les petits bonds qu'il fit pour courir à moi m'émurent délicieusement. C'est chose si douce d'être aimé !

C'était la journée des grands événements. Deux pas plus loin, j'arrivai près de la fenêtre de la chambre qui avait déjà été la mienne, et dans laquelle habitait maintenant Gioja. « Bonjour, Melchior ! » lui dis-je en passant. Il leva la tête et, s'élançant vers moi, il me cria : « Bonjour Silvio » !

Hélas! on ne me permit pas de m'arrêter un instant. Je tournai sous le portail, je montai un petit escalier, et je fus mis dans une chambrette assez propre, au-dessus de celle de Gioja.

Quand je me fus fait apporter mon lit et que les guichetiers m'eurent laissé seul, mon premier soin fut de visiter les murs. Quelques souvenirs y étaient écrits, ceux-ci au crayon, ceux-là au charbon, d'autres avec une pointe acérée. Je trouvai deux gracieuses strophes françaises, que je regrette maintenant de ne pas avoir gravées dans ma mémoire. Elles étaient signées *le duc de Normandie*. Je me mis à les chanter, en leur adaptant de mon mieux l'air de ma pauvre Madeleine; mais voici tout à côté une voix qui se met à les chanter sur un autre air. Dès qu'elle eut fini je criai: « Bravo! » et le chanteur me salua courtoisement, en me demandant si j'étais Français.

« Non; je suis Italien, et je me nomme Silvio Pellico.

— L'auteur de la *Francesca da Rimini?*

— Précisément ».

Et ici un gentil compliment et les condoléances bien naturelles, en apprenant que j'étais en prison.

Il me demanda dans quelle partie de l'Italie j'étais né.

« En Piémont, dis-je; je suis de Saluces ».

Et ici de nouveau un agréable compliment sur le caractère et le génie des Piémontais, avec une mention particulière pour les hommes remarquables de Saluces, et spécialement pour Bodoni.

Ces courts éloges étaient dits finement, comme sait le faire une personne de bonne éducation.

« Maintenant, lui dis-je, permettez-moi, monsieur, de vous demander qui vous êtes.

— Vous avez chanté une chansonnette de moi.

— Ces deux belles petites strophes qui sont sur le mur sont de vous ?

— Oui, monsieur.

— Vous êtes donc...

— L'infortuné duc de Normandie ».

CHAPITRE XIX

Le geôlier passa sous nos fenêtres et nous fit taire.

« Quel infortuné duc de Normandie ? me disais-je à part moi. N'est-ce pas là le titre qu'on donnait au fils de Louis XVI ? Mais ce pauvre enfant est indubitablement mort. Eh bien, mon voisin sera un des malheureux qui ont essayé de le faire revivre.

« Déjà plusieurs se sont fait passer pour Louis XVII, et furent reconnus pour des imposteurs ; quelle plus grande créance doit obtenir celui-ci » ?

Bien que je cherchasse à rester dans le doute,

une invincible incrédulité prévalait en moi, et continua toujours à prévaloir. Néanmoins je résolus de ne pas mortifier l'infortuné, quelque fable qu'il vint à me raconter.

Peu d'instants après, il recommença à chanter, et nous reprimes la conversation.

A la demande que je fis pour savoir ce qu'il était, il répondit qu'il était en effet Louis XVII, et se mit à déclamer avec force contre Louis XVIII, son oncle, usurpateur de ses droits.

« Mais ces droits, comment ne les avez-vous pas fait valoir au moment de la restauration?

— Je me trouvais alors mortellement malade à Bologne. A peine rétabli, je volai à Paris, je me présentai aux Hautes Puissances ; mais ce qui était fait était fait : toujours inique, mon oncle ne voulut pas me reconnaître ; ma sœur s'unit à lui pour me persécuter. Seul, le bon prince de Condé m'accueillit à bras ouverts, mais son amitié ne pouvait rien. Un soir, dans les rues de Paris, je fus assailli par des sicaires armés de poignards, et c'est à grand'peine que je pus me soustraire à leurs coups. Après avoir erré quelque temps en Normandie, je revins en Italie et m'arrêtai à Modène. De là, écrivant sans cesse aux monarques d'Europe, et particulièrement à l'empereur Alexandre, qui me répondait avec la plus grande politesse, je ne désespérais pas d'obtenir enfin justice, ou bien, si par politique on voulait sacrifier mes droits au trône de France, de me faire assigner un apanage convenable. Je fus arrêté, conduit aux frontières du duché de Modène, et consigné entre les mains du gouvernement autrichien. Maintenant, depuis huit mois, je suis enseveli ici, et Dieu sait quand j'en sortirai » !

Je n'ajoutai pas foi à toutes ces paroles. Mais qu'il fût enseveli, c'était une vérité, et il m'inspira une vive compassion.

Je le priai de me raconter brièvement sa vie. Il me dit en détail toutes les particularités que je savais déjà concernant Louis XVII, comment on le mit entre les mains du scélérat Simon, le cordonnier ; comment on l'amena à attester une infâme calomnie contre les mœurs de la pauvre reine sa mère, etc., etc. ; et, enfin, qu'étant en prison, des gens vinrent une nuit le prendre. Un enfant idiot, nommé Mathurin, fut mis à sa place, et lui, on le fit enfuir. Il y avait dans la rue un carrosse à quatre chevaux, et l'un des chevaux était une machine de bois dans laquelle on le cacha. Ils allèrent heureusement jusqu'au Rhin, et, ayant passé la frontière, le général... (il me dit le nom, mais je ne me le rappelle plus), qui l'avait délivré, lui servit pendant quelque temps d'instituteur et de père. Puis il l'envoya ou le conduisit en Amérique. Là, le jeune roi sans royaume eut de nombreuses péripéties, souffrit de la faim dans les déserts, vécut honoré et heureux à la cour du roi du Brésil, fut calomnié, poursuivi, contraint de s'enfuir. Il revint en Europe vers la fin du règne de Napoléon,

fut retenu en prison, à Naples, par Joachim Murat ;
et, quand il se revit libre et en position de récla-
mer le trône de France, il fut frappé à Bologne
par cette funeste maladie pendant laquelle
Louis XVIII fut couronné.

CHAPITRE XX

Il racontait cette histoire avec un air surpre-
nant de vérité. Je ne pouvais pas le croire, pourtant
je l'admirais. Tous les faits de la Révolution française lui étaient très connus. Il en parlait avec
beaucoup d'éloquence spontanée, et rapportait à
tout propos des anecdotes très curieuses. Il y
avait quelque chose de soldatesque dans son langage, mais sans qu'il manquât de cette élégance
que donne la fréquentation d'une société raffinée.

« Vous me permettrez, lui dis-je, de vous traiter
sans façon, de ne pas vous donner de titre.

— C'est ce que je désire, répondit-il. De mon
malheur j'ai au moins retiré ce gain que je sais
sourire de toutes les vanités. Je vous assure que
je fais plus de cas d'être homme que d'être roi ».

Matin et soir nous nous entretenions longuement ensemble ; et, malgré ce que je pensais être
une comédie de sa part, son âme me semblait
bonne, candide, désireuse de tout bien moral. Plus

d'une fois je fus pour lui dire : « Pardonnez-moi, je voudrais croire que vous êtes Louis XVII, mais je vous confesse sincèrement que la persuasion contraire domine en moi ; ayez assez de franchise pour renoncer à cette fiction ». Et je ruminais à part moi un beau sermon à lui faire sur la vanité de tout mensonge, même des mensonges qui paraissent innocents.

De jour en jour je différais ; j'attendais toujours que notre intimité se fût accrue de quelque degré, et jamais je n'osai exécuter mon dessein.

Quand je réfléchis à ce manque de hardiesse, je l'excuse parfois comme une politesse nécessaire, une honnête crainte d'affliger, que sais-je, moi ! Mais ces excuses ne me contentent pas, et je ne puis dissimuler que je serais plus satisfait de moi, si je n'avais pas retenu dans le fond de ma gorge le sermon dont j'avais eu l'idée. Feindre de prêter foi à une imposture, est pusillanimité ; il me semble que je ne le ferais plus.

Oui, pusillanimité ! Certes, bien qu'on s'enveloppe dans les plus délicats préambules, c'est chose dure de dire à quelqu'un : « Je ne vous crois pas ». Il se fâchera ; nous perdrons le plaisir que nous faisait goûter son amitié, il nous comblera peut-être d'injures. Mais toute perte est plus honorable que de mentir. Et peut-être le malheureux qui nous accablerait d'injures, en voyant que son imposture n'est pas crue, admirerait ensuite en secret notre sincérité, et ce lui serait un motif de réflexions qui le ramèneraient dans une meilleure voie.

Les guichetiers inclinaient à croire qu'il était vraiment Louis XVII, et comme ils avaient déjà vu tant de changements de fortune, ils ne désespéraient pas que celui-ci ne fût destiné à monter un jour sur le trône de France, et qu'il se souviendrait alors de leurs services dévoués. Hormis favoriser sa fuite, ils avaient pour lui tous les égards qu'il désirait.

C'est à cela que je dus l'honneur de voir ce grand personnage. Il était de stature médiocre, entre quarante et quarante-cinq ans, un peu replet, et de physionomie vraiment bourbonienne. Il est vraisemblable qu'une ressemblance accidentelle avec les Bourbons l'avait poussé à jouer ce triste rôle.

CHAPITRE XXI

Il faut que je m'accuse d'un autre respect humain peu digne. Mon voisin n'était pas athée; il parlait parfois, au contraire, des sentiments religieux comme un homme qui les apprécie et n'y est pas étranger; mais il conservait toutefois beaucoup de préventions déraisonnables contre le christianisme, qu'il envisageait moins dans sa véritable essence que dans ses abus. La philosophie superficielle qui, en France, précéda et suivit la Révolution, l'avait ébloui. Il lui semblait qu'on pouvait adorer Dieu d'une manière plus pure que suivant la religion de l'Évangile. Sans avoir une grande connaissance de Condillac et de Tracy, il les vénérait comme de souverains penseurs, et s'imaginait que ce dernier avait porté à leur dernière limite toutes les investigations possibles de la métaphysique.

Moi qui avais poussé plus loin mes études philosophiques, qui sentais la faiblesse de la doctrine expérimentale, qui connaissais les grossières erreurs de critique avec lesquelles le siècle de Voltaire avait entrepris de diffamer le christianisme; moi qui avais lu Guénée et d'autres qui avaient vaillamment démasqué cette fausse critique; moi qui étais persuadé qu'on ne pouvait, en rigoureuse logique, admettre Dieu et récuser l'Évangile; moi qui trouvais chose si vulgaire de suivre le courant des opinions antichrétiennes, et de ne savoir pas s'élever jusqu'à reconnaître combien le catholicisme, lorsqu'on ne le voit pas en caricature, est simple et sublime, moi, j'eus la lâcheté de sacrifier au respect humain. Les plaisanteries de mon voisin me confondaient, bien que leur légèreté ne pût m'échapper. Je dissimulai ma croyance, j'hésitai, je réfléchis s'il était ou non intempestif de le contredire; je me dis que cela était inutile, et je cherchai à me persuader que mon silence était justifié.

Lâcheté, lâcheté! qu'importe la vigueur hautaine d'opinions accréditées, mais sans fondement? Il est vrai qu'un zèle intempestif est de l'indiscrétion et peut irriter encore plus celui qui ne croit pas. Mais confesser, avec franchise et modestie tout à la fois, ce que l'on tient fermement pour une importante vérité, le confesser même là où il n'est pas présumable d'être approuvé, ou d'éviter un peu de raillerie, c'est là un devoir absolu. Une confession faite si noblement peut toujours s'achever, sans qu'on ait l'air de prendre inopportunément l'attitude d'un missionnaire.

C'est un devoir de confesser une importante vérité en tout temps, parce que si l'on ne peut espérer qu'elle soit reconnue sur-le-champ, elle peut cependant y préparer l'âme d'autrui, et amener un jour une plus grande impartialité dans les jugements et le triomphe subséquent de la lumière.

CHAPITRE XXII

Je restai dans cette chambre un mois et quelques jours. Dans la nuit du 18 au 19 février (1821), je fus réveillé par un bruit de chaînes et de clefs. Je vis entrer plusieurs hommes avec une lanterne. La première idée qui se présenta à moi fut qu'on venait pour m'égorger. Mais, pendant que je regardais avec perplexité ces figures, je vis s'avancer courtoisement le comte B..., qui me dit d'avoir la complaisance de m'habiller vite pour partir.

Cette nouvelle me surprit, et j'eus la folie d'espérer qu'on me conduisait aux frontières du Piémont. Était-il possible qu'une si grande tempête se calmât ainsi ? Je recouvrerais encore la douce liberté ? Je reverrais mes bien-aimés parents, mes frères, mes sœurs?

Ces séduisantes pensées m'agitèrent quelques courts instants. Je m'habillai en grande hâte, et je suivis ceux qui devaient m'accompagner, mais sans pouvoir saluer mon voisin. Il me sembla entendre sa voix, et il me fut pénible de ne pouvoir lui répondre.

« Où va-t-on? dis-je au comte, en montant en voiture avec lui et un officier de gendarmerie.

— Je ne puis vous le faire connaître avant que nous soyons à un mille au delà de Milan ».

Je vis que la voiture n'allait pas du côté de la porte Vercelline, et mes espérances s'évanouirent.

Je me tus. C'était une très belle nuit avec clair de lune. Je regardais ces rues chéries où j'avais passé pendant tant d'années, et si heureux, ces maisons, ces églises. Tout me rappelait mille doux souvenirs.

O cours de la porte Orientale ! ô jardins publics, où j'avais tant de fois erré avec Foscolo, avec Monti, avec Louis de Brême, avec Pierre Borsieri, avec Porro et ses enfants, avec tant d'autres mortels chéris, m'entretenant avec eux en si grande plénitude de vie et d'espérances! Oh! comme en me disant que je vous voyais pour la dernière fois, oh! comme à votre fuite rapide devant mes regards, je sentais vous avoir aimés et vous aimer encore! Quand nous eûmes franchi la porte, je ramenai un peu mon chapeau sur mes yeux, et je pleurai sans être observé.

Je laissai passer plus d'un mille, puis je dis au comte B... : « Je suppose que l'on va à Vérone?

— On va plus loin, répondit-il. Nous allons à Venise, où je dois vous consigner entre les mains d'une commission spéciale ».

Nous voyagions en poste sans nous arrêter, et nous arrivâmes le 20 février à Venise.

En septembre de l'année précédente, un mois avant que l'on m'arrêtât, j'étais à Venise, et j'avais dîné en nombreuse et très joyeuse compagnie à l'hôtel de la Lune. Chose étrange! je fus précisément conduit par le comte et les gendarmes à l'hôtel de la Lune.

Un garçon de l'hôtel fut étonné en me voyant et en s'apercevant (bien que le gendarme et ses deux satellites, qui avaient l'air de serviteurs, fussent travestis) que j'étais entre les mains de la force publique. Je me réjouis de cette rencontre, persuadé que le garçon parlerait de mon arrivée à plus d'un.

Nous dînâmes, puis je fus conduit au palais du doge, où sont maintenant les tribunaux. Je passai

sous ces chers portiques des *Procuratie* et devant
le café de Florian, où j'avais joui de si belles soi-
rées, l'automne précédent, je ne rencontrai aucune de mes connaissances.

Nous traversâmes la Piazzetta... et sur cette
Piazzetta, en septembre dernier, un mendiant
m'avait dit ces singulières paroles : « On voit que
monsieur est étranger ; mais je ne comprends pas
comment lui et tous les étrangers admirent ce
lieu ; pour moi c'est un endroit de malheur, et j'y
passe uniquement par nécessité.

— Il vous y est arrivé quelque grand malheur ?

— Oui, monsieur, un malheur horrible, et non
pas à moi seul. Dieu vous garde, monsieur ; Dieu
vous garde ! »

Et il s'en alla en toute hâte.

Maintenant, en repassant par là, il était impossible que je ne me souvinsse pas des paroles du
mendiant. Et ce fut encore sur cette Piazzetta
que, l'année suivante, je montai sur l'échafaud,
d'où j'entendis lire ma sentence de mort et la
commutation de cette peine en quinze années de
carcere duro!

Si j'avais la tête quelque peu disposée au délire
du mysticisme, je ferais grand cas de ce mendiant
me prédisant d'une façon si énergique que c'était
un *lieu de malheur*. Je ne note ce fait que comme
un étrange incident.

Nous montâmes au palais ; le comte B... parla
aux juges, puis il me consigna entre les mains du

geòlier, et, prenant congé de moi, il m'embrassa
tout attendri.

CHAPITRE XXIII

Je suivis en silence le geòlier. Après avoir traversé quelques passages et quelques salles, nous
arrivâmes à un petit escalier qui nous conduisit
sous les *Plombs*, fameuses prisons d'État depuis le
temps de la République de Venise.

Là, le geòlier enregistra mon nom, puis il me
renferma dans la chambre qui m'était destinée. Ce
qu'on nomme ainsi les *Plombs*, c'est la partie supérieure de l'ancien palais du doge, toute recouverte en plomb.

Ma chambre avait une grande fenêtre, avec un
énorme grillage en fer, et avait vue sur le toit,
également en plomb, de l'église de Saint-Marc.
Au delà de l'église, je voyais dans le lointain
l'extrémité de la place, et de tous côtés une infinité de coupoles et de clochers. Le gigantesque
clocher de Saint-Marc n'était séparé de moi que
par la longueur de l'église, et j'entendais ceux qui,
sur son sommet, parlaient un peu fort. On voyait
aussi, du côté gauche de l'église, une portion de
la grande cour du palais et une des entrées. Dans
cette portion de la cour est un puits public où

les gens venaient continuellement puiser de l'eau. Mais ma prison était si élevée, que les hommes m'apparaissaient là-bas comme des enfants, et que je ne distinguais pas leurs paroles, excepté quand ils criaient. Je me trouvais beaucoup plus isolé que je ne l'étais dans les prisons de Milan.

Pendant les premiers jours, les soucis du procès criminel qui m'était intenté par la commission spéciale, m'attristèrent un peu, et il s'y ajoutait peut-être ce pénible sentiment d'une plus grande solitude. En outre, j'étais plus éloigné de ma famille, et je n'avais plus de ses nouvelles. Les figures nouvelles que je voyais, ne m'étaient pas antipathiques, mais conservaient un sérieux qui était presque de l'épouvante. La renommée leur avait exagéré les trames des Milanais et du reste de l'Italie pour l'indépendance, et ils me soupçonnaient d'être un des plus impardonnables instigateurs de ce délire. Ma petite célébrité littéraire était connue du geôlier, de sa femme, de sa fille, de ses deux fils, et même des guichetiers. Qui sait si tous ne s'imaginaient pas qu'un auteur de tragédie est une espèce de magicien !

Ils étaient sérieux, défiants, avides de m'entendre leur donner de plus amples renseignements sur moi, mais pleins d'égards.

Après les premiers jours, ils s'adoucirent tous, et je les trouvai bons. La femme était celle qui gardait le plus les allures et le caractère de geôlier. C'était une femme très sèche de figure, de quarante ans environ, aux paroles aussi sèches que son visage, et ne donnant pas le moindre signe qu'elle fût capable de quelque bienveillance envers d'autres que ses enfants.

Elle avait coutume de m'apporter le café le matin et, après le dîner, l'eau, le linge, etc. Elle était suivie ordinairement de sa fille, enfant de quinze ans, peu belle, mais aux regards compatissants, et de ses deux fils, l'un de treize ans, l'autre de dix. Ils se retiraient ensuite avec leur mère, et ces trois jeunes visages se retournaient doucement pour me regarder, en fermant la porte. Le geôlier ne venait chez moi que lorsqu'il avait à me conduire dans la salle où la commission se réunissait pour m'interroger. Les guichetiers venaient rarement, parce qu'ils étaient occupés dans les prisons de la police, situées à un étage inférieur, où il y avait toujours beaucoup de voleurs. Un de ces guichetiers était un vieillard de plus de soixante-dix ans, mais propre encore à cette vie fatigante qui consistait à courir sans cesse en haut et en bas par les escaliers, de prison en prison. L'autre était un jeune homme de vingt-quatre ou vingt-cinq ans, plus désireux de raconter ses amours que de vaquer à son service.

CHAPITRE XXIV

Ah ! oui ; les soucis d'un procès criminel sont horribles pour qui est prévenu d'inimitié contre l'État ! Quelle crainte de nuire à autrui ! Quelle difficulté de lutter contre tant d'accusations, contre tant de soupçons ! Comme il est vraisemblable que tout se compliquera toujours d'une façon funeste, si le procès ne se termine pas promptement, si de nouvelles arrestations viennent à être faites, si de nouvelles imprudences se découvrent, non seulement de la part de personnes inconnues, mais du parti lui-même !

J'ai résolu de ne point parler de politique, il faut donc que je supprime ici toute relation concernant le procès. Je dirai seulement que souvent, après avoir été tenu de longues heures à l'interrogatoire, je revenais dans ma chambre tellement exaspéré, tellement furieux, que je me serais tué si la voix de la religion et le souvenir de mes chers parents ne m'avaient retenu.

L'état de tranquillité qu'il me semblait jadis avoir acquis à Milan était détruit. Pendant plusieurs jours, je désespérai de le retrouver, et ce furent des jours d'enfer. Alors je cessai de prier, je doutai de la justice de Dieu, je maudis les hommes et l'univers, et je retournai dans mon esprit tous les sophismes possibles sur la vanité de la vertu.

L'homme malheureux est plein de colère et furieusement ingénieux à calomnier ses semblables et le Créateur lui-même. La colère est plus immorale, plus scélérate qu'on ne le pense généralement. Comme on ne peut rugir du matin au soir pendant toute la semaine, et que l'âme la plus dominée par la fureur a nécessairement ses intervalles de repos, ces intervalles se ressentent d'ordinaire de l'état d'immoralité qui les a précédés. Alors il semble que l'on soit en paix ; mais c'est une paix mauvaise, irréligieuse ; un sourire sauvage, sans charité, sans dignité ; un amour de désordre, d'ivresse, de raillerie.

Dans un semblable état, je chantais des heures entières avec une sorte de gaieté tout à fait stérile en bons sentiments ; je plaisantais avec tous ceux qui entraient dans ma chambre ; je m'efforçais d'envisager toute chose avec une sagesse vulgaire, la sagesse des cyniques.

Ce temps infâme dura peu : six ou sept jours.

Ma Bible était toute poudreuse. Un des enfants du geôlier me dit en me caressant : « Depuis que monsieur ne lit plus ce vilain livre, il n'a plus autant de mélancolie, ce me semble.

— Il te semble » ? lui dis-je.

Et prenant ma Bible, j'en ôtai la poussière avec mon mouchoir, et, l'ayant ouverte au hasard, mes yeux tombèrent sur ces paroles : *Et ait ad disci-*

*pulos suos : Impossibile est ut non veniant scandala ;
væ autem illi per quem veniunt! Utilius est illi, si
lapis molaris imponatur circa collum ejus et proji-
ciatur in mare, quam ut scandalizet unum de pusillis
istis* [1]*.*

Je fus frappé de tomber sur ces paroles, et je
rougis de ce que cet enfant se fût aperçu, à la
poussière dont elle était couverte, que je ne lisais
plus la Bible, et qu'il eût pensé que j'étais devenu
plus aimable en devenant insoucieux de Dieu.

— Petit polisson! lui dis-je d'un ton d'affectueux reproche, et mécontent de l'avoir scandalisé,
ce n'est pas là un mauvais livre, et depuis plusieurs jours que je ne le lis pas, je suis devenu
plus méchant. Quand ta mère te permet de rester
un moment avec moi, je m'ingénie à chasser la
mauvaise humeur : mais si tu savais comme elle
me dompte alors que je suis seul, alors que tu
m'entends chanter comme un forcené » !

CHAPITRE XXV

L'enfant était sorti, et j'éprouvais une certaine
joie d'avoir repris la Bible en main, d'avoir con-

1. Et il dit à ses disciples : « Il est impossible qu'il n'arrive pas de scandales ; mais malheur à celui par qui ils arri-
vent ! Il vaudrait mieux pour lui qu'une meule de pierre lui
fût attachée au cou, et qu'il fût jeté dans la mer, que de
scandaliser un de ces enfants ».

fessé que sans elle j'étais plus méchant. Il me semblait avoir donné satisfaction à un ami généreux injustement offensé, m'être réconcilié avec lui.

« Et je t'avais abandonné, mon Dieu? criai-je. Et je m'étais perverti? Et j'avais pu croire que le rire infâme du cynisme convenait à ma situation désespérée » ?

Je prononçai ces paroles avec une émotion indicible; je posai la Bible sur une chaise, je m'agenouillai à terre pour la lire, et moi qui pleure si difficilement, je fondis en larmes.

Ces larmes étaient mille fois plus douces que toute gaieté bestiale. Je sentais Dieu de nouveau ! Je l'aimais ! je me repentais de l'avoir outragé en me dégradant ! Et je protestais de ne jamais plus me séparer de lui, jamais plus !

Oh ! comme un retour sincère à la religion console et élève l'esprit !

Je lus, et je pleurai pendant plus d'une heure; et je me relevai plein de la confiance que Dieu était avec moi, que Dieu m'avait pardonné toute démence. Alors mes malheurs, les tourments du procès, l'échafaud probable, me semblèrent peu de chose. Je me réjouis de souffrir, puisque cela me donnait l'occasion de remplir quelque devoir, puisque, en souffrant d'une âme résignée, j'obéissais au Seigneur.

La Bible, grâce au Ciel, je savais la lire. Ce n'était plus le temps où je la jugeais avec la mesquine critique de Voltaire, tournant en ridicule les expressions qui ne sont ni risibles ni fausses, si ce n'est lorsque, par véritable ignorance ou par malice, on n'en pénètre pas le sens. Je voyais clairement combien elle est le code de la sainteté et par conséquent de la vérité ; combien s'offusquer pour quelques-unes de ses imperfections de style est chose peu philosophique, et ressemblant fort à l'orgueil de celui qui méprise tout ce qui n'a pas des formes élégantes ; combien c'est chose absurde de s'imaginer qu'une telle collection de livres religieusement vénérés n'ait pas un principe authentique ; combien est incontestable la supériorité de semblables Écritures sur le Coran et sur la théologie des Indiens.

Beaucoup en ont abusé ; beaucoup ont voulu en faire un code d'injustice, une sanction à leurs passions scélérates. C'est vrai ; mais nous en sommes toujours là : on peut abuser de tout ; et quand donc jamais l'abus d'une chose excellente devra-t-il faire dire qu'elle est mauvaise en soi ?

Jésus-Christ l'a déclaré : toute la loi et les prophètes, toute cette collection de livres sacrés, se réduit au précepte d'aimer Dieu et les hommes. Et de telles Écritures ne seraient pas la vérité adaptée à tous les siècles ? Elles ne seraient pas la parole toujours vivante de l'Esprit-Saint ?

Ces réflexions s'étant réveillées en moi, je renouvelai mon projet de ramener à la religion toutes mes pensées sur les choses humaines, toutes mes opinions sur les progrès de la civilisation, ma philanthropie, mon amour de la patrie, toutes les affections de mon âme.

Le peu de jours que j'avais passés dans le cynisme m'avaient fortement contaminé. J'en ressentis longtemps les effets, et je dus combattre pour les vaincre. Chaque fois que l'homme cède un instant à la tentation d'avilir son intelligence, de regarder les œuvres de Dieu avec la loupe infernale de la raillerie, de se priver du bienfaisant exercice de la prière, le ravage qu'il opère dans sa propre raison le dispose à retomber facilement. Pendant plusieurs semaines je fus assailli, presque chaque jour, par de violentes pensées d'incrédulité; je tournai toute la puissance de mon esprit à les repousser.

CHAPITRE XXVI

Quand ces combats eurent cessé, et qu'il me sembla être affermi de nouveau dans l'habitude d'honorer Dieu en toutes mes volontés, je goûtai pendant quelque temps une très douce paix. Les interrogatoires auxquels la commission me soumettait tous les deux ou trois jours, quelque douloureux qu'ils fussent, ne me jetaient plus dans une cruelle inquiétude. J'avais soin, dans cette position ardue, de ne pas manquer à mes devoirs

d'honneur et d'amitié, et puis je disais : Que Dieu
fasse le reste !

Je me reprenais à être exact dans la pratique de
prévoir chaque jour toute surprise, toute émotion,
toute disgrâce possible ; et un tel exercice me pro-
fitait de nouveau beaucoup.

Pendant ce temps, ma solitude vint à augmenter.
Les deux fils du geôlier, qui auparavant me faisaient parfois un peu de compagnie, furent mis à
l'école, et, ne restant depuis que fort peu à la maison, ne vinrent plus me voir. La mère et la sœur,
qui, lorsque les enfants étaient là, s'arrêtaient souvent aussi pour causer avec moi, ne paraissaient
plus maintenant que pour me porter le café, puis
elles me laissaient. Pour la mère, je m'en affligeais
peu, parce qu'elle ne montrait pas une âme compatissante. Mais la fille, bien qu'assez laide, avait
une certaine suavité de regard et de parole qui
n'était pas sans prix pour moi. Quand elle m'apportait le café et me disait : « C'est moi qui l'ai
fait », il me paraissait toujours excellent. Quand
elle disait : « C'est maman qui l'a fait », c'était de
l'eau chaude.

Voyant si rarement des créatures humaines, je
portai mon attention sur quelques fourmis qui
venaient sur ma fenêtre ; je les nourris somptueu-
sement, et elles allèrent chercher une armée de
compagnes, de sorte que la fenêtre fut remplie de
ces petites bêtes. J'appliquai également mes soins
à une belle araignée qui tapissait un de mes murs.

Je la nourris avec des mouches et des moustiques,
et elle devint si familière, qu'elle venait sur mon
lit et sur ma main prendre sa proie de mes
doigts.

Si ces insectes eussent été les seuls à me visiter!
Nous étions encore au printemps, et déjà les moustiques se multipliaient, je puis littéralement dire,
de façon à m'épouvanter. L'hiver avait été d'une
extrème douceur, et, après quelques vents de
mars, la chaleur survint tout à coup. C'est chose
impossible à dire à quel point s'échauffait l'air du
bouge que j'habitais. Situé en plein midi, sous un
toit de plomb, et avec la fenètre donnant sur le
toit de Saint-Marc, également de plomb, dont la
réverbération était terrible, je suffoquais. Je n'avais
jamais eu l'idée d'une chaleur si accablante. A un
pareil supplice, s'ajoutaient une multitude de moustiques ; j'avais beau me secouer et en détruire, j'en
étais couvert. Le lit, la table, la chaise, le sol, les
murs, la voûte, tout en était couvert, et l'air en contenait une quantité infinie, qui allaient et venaient
sans cesse par la fenètre, et faisaient un bourdon-
nement infernal. Les piqûres de ces animaux
sont douloureuses, et quand on en reçoit du matin
au soir et du soir au matin, et qu'on doit avoir la
perpétuelle préoccupation de chercher à en diminuer
le nombre, on souffre véritablement beaucoup et
de corps et d'esprit.

Lorsque, après avoir constaté un pareil fléau,
j'en eus reconnu la gravité, et n'eus pas pu réussir

à me faire changer de prison, quelque tentation
de suicide me prit, et parfois je craignis de
devenir fou. Mais, grâce au Ciel, c'étaient là des
fureurs de peu de durée, et la religion continuait
à me soutenir.

Je disais : Plus la vie est douloureuse pour moi,
moins je serai épouvanté si, jeune comme je suis,
je me vois condamné au supplice. Sans ces souffrances préliminaires, je serais peut-être mort
lâchement. Et puis, ai-je les vertus qu'il faut pour
mériter le bonheur? Où sont-elles?

Et, m'examinant avec une juste rigueur, je ne
trouvais, dans les années par moi vécues, que bien
peu d'actes dignes de quelque approbation. Tout
le reste n'était que passions sottes, idolâtries,
orgueilleuse et fausse vertu. « Eh bien! concluais-
je, souffre, indigne que tu es! Si les hommes et
les moustiques te tuent aussi par fureur et sans
droit, reconnais en eux les instruments de la justice divine, et tais-toi »!

CHAPITRE XXVII

L'homme a-t-il besoin d'efforts pour s'humilier
sincèrement, pour s'avouer pécheur? N'est-il pas
vrai qu'en général nous gaspillons la jeunesse par
vanité, et qu'au lieu de consacrer toutes nos forces

pour avancer dans la carrière du bien, nous en
employons une grande partie à nous dégrader? Il
y a des exceptions; mais je confesse qu'elles ne
regardent pas ma pauvre personne, et je n'ai aucun
mérite à être mécontent de moi : quand on voit
un flambeau donner plus de fumée que de flamme,
il n'y a pas grande sincérité à dire qu'il ne brûle
pas comme il le devrait.

Oui, sans vouloir m'avilir, sans scrupules d'hy-
pocrisie, en me regardant avec toute la tranquillité possible d'intelligence, je me trouvais digne
des châtiments de Dieu. Une voix intérieure me
disait : De tels châtiments te sont advenus, sinon
pour ceci, du moins pour cela, afin de te ramener
vers Celui qui est parfait et que les mortels, dans
la mesure de leurs forces finies, sont appelés à
imiter.

Pour quelle raison, tandis que j'étais contraint
de me condamner pour mille infidélités à Dieu,
me serais-je plaint si certains hommes me semblaient vils et d'autres iniques, si les prospérités
du monde m'étaient ravies, si je devais me con-
sumer en prison, ou périr de mort violente?

Je m'efforçai de me bien graver dans le cœur
ces réflexions si justes et si senties; et cela fait,
je vis qu'il fallait être conséquent, et que je ne
pouvais l'être autrement qu'en bénissant les jugements équitables de Dieu, en l'aimant, et en
éteignant en moi toute volonté contraire à ces
jugements.

Pour persévérer de plus en plus dans cette résolution, j'imaginai d'analyser désormais avec soin tous mes sentiments, en les écrivant. Le mal était que la commission, tout en permettant que j'eusse des plumes et du papier, comptait les feuilles de papier, avec défense d'en détruire aucune, et se réservant d'examiner à quoi je les avais employées. Pour suppléer au papier, je recourus à l'innocent artifice de polir avec un morceau de verre une table grossière que j'avais, et j'y écrivais ensuite chaque jour de longues méditations sur les devoirs des hommes et les miens en particulier.

Je n'exagère pas en disant que les heures ainsi employées étaient parfois délicieuses pour moi, malgré la difficulté de respirer que me faisait souffrir la chaleur énorme et les morsures très douloureuses des moustiques. Pour diminuer la trop grande multiplicité de ces dernières, j'étais obligé, en dépit de la chaleur, de m'envelopper soigneusement la tête et les jambes, et d'écrire non seulement avec des gants, mais les poignets emmaillotés, afin que les moustiques n'entrassent pas dans mes manches.

Ces méditations avaient un caractère plutôt biographique. Je faisais l'histoire de tout le bien et de tout le mal qui s'étaient opérés en moi depuis mon enfance, discutant avec moi-même, m'ingéniant à résoudre toute espèce de doute, coordonnant du mieux que je savais toutes mes connaissances, toutes mes idées sur chaque chose.

Lorsque toute la superficie utilisable de la table était pleine d'écriture, je lisais et je relisais; je méditais sur ce que j'avais déjà médité, et enfin je me décidais (souvent à regret) à tout racler avec mon verre, afin d'avoir encore cette surface prête à recevoir de nouveau mes pensées.

Je continuais ensuite mon histoire, toujours ralentie par des digressions de toute nature, des analyses de tel ou tel point de métaphysique, de morale, de politique, de religion; et, quand tout était rempli, je recommençais à lire et à relire, puis à racler.

Ne voulant avoir aucun prétexte qui m'empêchât de me redire à moi-même, avec la plus entière fidélité, les faits dont je me souvenais et mes opinions, et prévoyant la possibilité de quelque visite inquisitoriale, j'écrivais dans un jargon, c'est-à-dire avec des transpositions de lettres et des abréviations dont j'avais une très grande habitude. Il ne m'arriva cependant jamais aucune visite semblable, et personne ne s'aperçut que je passais si bien mon triste temps. Quand j'entendais le geôlier ou d'autres ouvrir la porte, je couvrais la petite table d'un linge, et je mettais dessus l'encrier et le petit cahier *légal*.

CHAPITRE XXVIII

Ce petit cahier avait aussi quelques-unes de mes heures qui lui étaient consacrées, souvent une journée ou une nuit tout entière. Là, j'écrivais des œuvres littéraires. C'est alors que je composai l'*Esther d'Engaddi*, l'*Iginia d'Asti* et les chants intitulés : *Tancreda, Rosilde, Eligi e Valafrido, Adello*, sans compter plusieurs canevas de tragédies et d'autres productions, parmi lesquelles un poème sur la *Ligue lombarde* et un autre sur *Christophe Colomb*.

Comme il n'était ni prompt ni facile, quand le petit cahier était terminé, d'obtenir qu'on me le renouvelât, je traçais le premier jet de toute composition sur la petite table, ou sur du papier grossier dans lequel je me faisais apporter des figues sèches ou d'autres fruits. Parfois, en donnant mon dîner à l'un des guichetiers et en lui faisant croire que je n'avais pas faim, je l'amenais à me faire cadeau de quelque feuille de papier. Cela arrivait seulement dans certains cas, lorsque la table était encombrée d'écriture et que je ne pouvais me décider à la racler. Alors je souffrais la faim ; et, quoique le geôlier eût mon argent en dépôt, je ne lui demandais pas à manger de toute la journée, en partie pour qu'il ne soupçonnât pas que j'avais

donné mon dîner, en partie pour que le guichetier ne s'aperçût pas que j'avais menti en l'assu-
rant de mon manque d'appétit. Le soir, je me
soutenais avec du café très fort, et je suppliais
qu'il fût fait par la *siora Zanze*. C'était la fille du
geôlier, qui, lorsqu'elle pouvait le faire en cachette
de sa mère, le faisait extraordinairement fort, à
tel point que, grâce au vide de mon estomac, il
m'occasionnait une espèce de convulsion qui
n'était pas douloureuse et qui me tenait éveillé
toute la nuit.

Dans cet état de demi-ivresse, je sentais redou-
bler mes forces intellectuelles; je faisais de la
poésie et je philosophais, et je priais jusqu'à l'aube
avec un merveilleux plaisir. Une soudaine lassi-
tude m'assaillait ensuite; alors je me jetais sur le
lit, et malgré les moustiques, qui réussissaient, si
bien enveloppé que je fusse, à me sucer le sang,
je dormais profondément une heure ou deux.

De pareilles nuits, agitées par du café très fort
pris l'estomac vide, et passées dans une si douce
exaltation, me semblaient trop bienfaisantes pour
que je ne voulusse pas m'en procurer souvent.
C'est pourquoi, même sans avoir besoin du papier
du guichetier, je prenais assez souvent le parti de
ne pas goûter une bouchée du dîner, afin d'obtenir
le soir le charme désiré du magique breuvage,
heureux quand j'arrivais à mon but! Plus d'une
fois il m'arriva que le café n'avait pas été fait par
la compatissante Zanze, et n'était qu'une boisson

inefficace. Alors la déception me mettait un peu de
mauvaise humeur. Au lieu d'être électrisé, je lan-
guissais, je bâillais, je sentais la faim, et je ne
pouvais dormir.

Je m'en plaignais ensuite à Zanze, et elle y compatissait. Un jour que je criais contre elle avec
aigreur, comme si elle m'avait trompé, la pauvrette se mit à pleurer et me dit : « Monsieur, je
n'ai jamais trompé personne, et tout le monde me
traite de trompeuse.

— Tout le monde! oh! je vois que je ne suis
pas le seul qui se mette en colère à cause de cette
boisson.

— Je ne veux pas dire cela, monsieur. Ah! si
monsieur savait !... si je pouvais verser mon cœur
dans le sien!...

— Mais ne pleurez pas ainsi. Que diable avez-
vous? Je vous demande pardon si je vous ai grondée
à tort. Je crois très bien que ce n'est pas votre
faute si j'ai eu un si mauvais café.

— Eh! je ne pleure pas pour cela, monsieur ».

Mon amour-propre resta quelque peu mortifié,
mais je souris.

« Vous pleurez donc à l'occasion de mes reproches, mais pour toute autre chose?

— Vraiment, oui.

— Qui vous a traitée de trompeuse?

— Un amant ».

Et son visage se couvrit de rougeur. Et, dans sa

confiance ingénue, elle me raconta une idylle moitié comique, moitié sérieuse, qui m'émut.

CHAPITRE XXIX

A partir de ce jour, je devins, je ne sais pourquoi, le confident de la jeune fille, et elle revint s'entretenir longuement avec moi.

Elle me disait : « Monsieur est si bon que je le regarde comme une fille pourrait regarder son père.

— Vous me faites un vilain compliment, répondais-je en repoussant sa main ; j'ai à peine trente-deux ans, et déjà vous me regardez comme votre père !

— Eh bien, monsieur, je dirai : comme un frère ».

Et elle me prenait la main de force, et me la serrait avec affection. Et tout cela était très innocent.

Je me disais ensuite à part moi : « C'est heureux qu'elle ne soit pas belle ! autrement cette innocente familiarité pourrait me déconcerter ».

D'autres fois je disais : « C'est heureux qu'elle soit si jeune ; il n'y a pas de danger que je devienne jamais amoureux d'une enfant de cet âge ».

D'autres fois, il me venait quelque inquiétude

en m'apercevant que je m'étais trompé en la jugeant laide, et j'étais obligé de convenir que ses contours et ses formes n'étaient pas irréguliers.

« Si elle n'était pas si pâle, disais-je, et si elle n'avait pas ces quelques taches de rousseur sur la figure, elle pourrait passer pour belle ».

La vérité est qu'il est impossible de ne pas trouver quelque charme dans la présence, dans les regards, dans le langage d'une jeune fille vive et affectueuse. Puis, je n'avais rien fait pour captiver sa bienveillance, et elle m'aimait *comme un père ou comme un frère*, à mon choix. Pourquoi? Parce qu'elle avait lu la *Francesca da Rimini* et l'*Eufemio*, et mes vers la faisaient tant pleurer! Et puis parce que j'étais prisonnier, *sans avoir*, disait-elle, *ni volé ni tué!*

En somme, moi qui m'étais affectionné à Madeleine sans la voir, comment aurais-je pu être indifférent à ses soins de sœur, à ses gracieuses cajoleries, à l'excellent café de la

Venezianina adolescente sbirra [1] ?

Je serais un imposteur si j'attribuais à la sagesse de ne m'en être pas amouraché. Je ne m'en amourachai pas uniquement parce qu'elle avait un amant dont elle était folle. Malheur à moi s'il en eût été autrement!

Mais si le sentiment qu'elle éveilla en moi ne

1. La jeune petite sbire vénitienne.

fut pas celui qu'on nomme amour, je confesse qu'il s'en rapprochait un peu. Je désirais qu'elle fût heureuse, qu'elle réussît à se faire épouser par celui qui lui plaisait. Je n'avais pas la moindre jalousie, pas la moindre idée qu'elle pût me choisir pour l'objet de son amour. Mais, quand j'entendais ouvrir la porte, le cœur me battait dans l'espoir que c'était Zanze ; et si ce n'était pas elle, je n'étais pas content ; si c'était elle, le cœur me battait plus fort et se réjouissait.

Ses parents, qui avaient déjà conçu bonne opinion de moi, et qui savaient qu'elle était follement éprise d'un autre, ne se faisaient aucun scrupule de la laisser venir presque toujours m'apporter le café du matin, et parfois celui du soir.

Elle avait une simplicité et une bonté séduisantes. Elle me disait : « Je suis si amoureuse d'un autre, et cependant je reste si volontiers avec monsieur ! Quand je ne vois pas mon amant, je m'ennuie partout, excepté ici.

— Ne sais-tu pas pourquoi?

— Je ne le sais pas.

— Je te le dirai, moi; parce que je te laisse parler de ton amant.

— Cela peut très bien être ; mais il me semble que c'est aussi parce que j'estime tant monsieur ! »

Pauvre enfant ! Elle avait le bienheureux défaut de me prendre toujours la main et de me la serrer, et elle ne s'apercevait pas que cela me plaisait et me troublait tout à la fois.

Grâces soient rendues au Ciel, car je puis me rappeler cette bonne créature sans le moindre remords.

CHAPITRE XXX

Ces pages seraient certainement plus amusantes si la Zanze était devenue' amoureuse de moi, ou si, moi, du moins, je m'étais épris d'elle. Et pourtant le sentiment de simple bienveillance qui nous unissait m'était plus cher que l'amour. Et si, dans de certains moments, je craignais qu'il ne pût changer de nature dans mon cœur égaré, je m'en attristais alors sérieusement.

Une fois, dans le doute de ce qui pouvait m'arriver, désolé de la trouver (je ne savais par quel charme) cent fois plus belle qu'elle ne m'avait semblé dans le principe, surpris de la mélancolie que j'éprouvais loin d'elle et de la joie que me rendait sa présence, je me pris à faire, pendant deux jours, le bourru, m'imaginant qu'elle se départirait un peu de la familiarité qu'elle avait contractée avec moi. L'expédient ne valut pas grand' chose; cette enfant était si patiente, si compatissante! Elle appuyait son coude sur la fenêtre et restait à me regarder en silence. Puis elle me disait :

« Monsieur paraît ennuyé de ma compagnie.

Pourtant, si je le pouvais, je resterais ici toute la journée, précisément parce que je vois qu'il a besoin de distractions. Cette mauvaise humeur est l'effet naturel de la solitude. Mais qu'il essaye de causer un peu, et la mauvaise humeur se dissipera. Et si monsieur ne veut pas causer, je causerai, moi.

— De votre amant, hein?

— Eh! non; pas toujours de lui! je sais aussi parler d'autre chose ».

Et elle commençait en effet à me parler de ses petits intérêts de famille, de la rudesse de sa mère, de la bonhomie de son père, des enfantillages de ses frères. Et ses récits étaient pleins de simplicité et de grâce. Mais, sans s'en apercevoir, elle retombait ensuite toujours sur son thème de prédilection, son malheureux amour.

Je ne voulais pas cesser d'être bourru, et j'espérais qu'elle s'en fâcherait. Mais, soit inadvertance ou artifice, elle n'avait pas l'air de comprendre, et il fallait que je finisse par me rasséréner, par sourire, m'attendrir, et la remercier de sa douce patience avec moi.

Je renonçai à l'ingrate pensée de chercher à l'indisposer, et peu à peu mes craintes se calmèrent. En vérité, je n'en étais pas épris. J'examinai longtemps mes scrupules; j'écrivis mes réflexions sur ce sujet, et j'éprouvais du plaisir à les développer.

L'homme s'effraye parfois de terreurs qui ne

sont pas fondées. Afin de ne pas les craindre, il faut les considérer avec plus d’attention et de plus près.

Et puis était-ce un crime, si je désirais ses visites avec une tendre inquiétude, si j’en appréciais la douceur, si je me plaisais à être plaint par elle et à lui rendre pitié pour pitié, puisque les pensées que nous avions l’un sur l’autre étaient pures comme les plus pures pensées de l’enfance, puisque même ses serrements de main et ses plus affectueux regards, tout en me troublant, me remplissaient d’un respect salutaire?

Un soir, en épanchant dans mon cœur une grande affliction qu’elle avait éprouvée, l’infortunée jeta ses bras autour de mon cou, et me couvrit le visage de ses larmes. Dans cet embrassement, il n’y avait pas la moindre idée profane. Une fille ne peut embrasser son père avec plus de respect.

Pourtant, l’incident passé, mon imagination en resta trop frappée. Cet embrassement revenait souvent à mon esprit, et alors je ne pouvais plus penser à autre chose.

Une autre fois qu’elle s’abandonna à un semblable élan de confiance filiale, je me dégageai promptement de ses bras chéris, sans la presser sur moi, sans l’embrasser, et je lui dis en balbutiant :

« Je vous en prie, Zanze, ne m’embrassez jamais; ce n’est pas bien ».

Elle fixa ses yeux sur mon visage, les baissa et rougit; et ce fut certainement la première fois qu'elle lut dans mon âme la possibilité de quelque faiblesse à son égard.

Elle ne cessa pas d'être familière avec moi depuis ce moment, mais sa familiarité devint plus respectueuse, plus conforme à mon désir, et je lui en fus reconnaissant.

CHAPITRE XXXI

Je ne puis parler du mal qui afflige les autres hommes; mais, quant à celui qui m'est échu par le sort depuis que je vis, il faut que je confesse qu'après l'avoir bien examiné, j'ai toujours trouvé qu'il m'avait été de quelque utilité. Oui, jusqu'à cette horrible chaleur qui m'accablait, et ces essaims de moustiques qui me faisaient une guerre si féroce, mille fois j'y ai réfléchi! Sans l'état de continuel tourment, comme était celui-ci, aurais-je eu la constante vigilance nécessaire pour me conserver invulnérable aux traits d'un amour qui me menaçait, et qui serait difficilement resté un amour suffisamment respectueux, avec un caractère aussi enjoué et aussi caressant que celui de cette jeune fille? Si parfois je tremblais pour moi dans cet état, comment aurais-je pu gouverner les caprices de ma fantaisie dans une atmosphère un peu agréable, un peu favorable à la joie?

Étant donnée l'imprudence des parents de Zanze, qui avaient tant de confiance en moi ; étant donnée l'imprudence de celle-ci, qui ne prévoyait pas pouvoir être pour moi la cause d'une ivresse coupable ; étant donné le peu de fermeté de ma vertu, il n'est pas douteux que la chaleur suffocante de cette fournaise et les cruels moustiques n'aient été une chose salutaire.

Cette pensée me réconciliait un peu avec ces fléaux. Et alors je me demandais :

« Voudrais-tu en être délivré et passer dans une bonne chambre tempérée par un peu d'air frais, et ne plus voir cette affectueuse créature » ?

Dois-je dire la vérité? Je n'avais pas le courage de répondre à cette question.

Quand on veut un peu de bien à quelqu'un, il est impossible de dire le plaisir que font les choses en apparence les plus nulles. Souvent une parole de Zanze, un sourire, une larme, un remerciement dans son dialecte vénitien, l'agilité de son bras à nous défendre, elle et moi, des moustiques avec son mouchoir ou avec son éventail, me mettaient au fond de l'âme une satisfaction enfantine qui durait toute la journée. Il m'était principalement doux de voir que ses chagrins s'apaisaient en me parlant, que ma pitié lui était chère, que mes conseils la persuadaient, et que son cœur s'enflammait alors que nous raisonnions de la vertu et de Dieu.

« Quand nous avons parlé ensemble de religion, disait-elle, je prie plus volontiers et avec plus de foi ».

Quelquefois, interrompant tout à coup un raisonnement frivole, elle prenait la Bible, l'ouvrait, baisait au hasard un verset et voulait ensuite que je le lui traduisisse et lui en fisse le commentaire. Et elle disait : « Je voudrais que chaque fois que monsieur relira ce verset, il se souvienne que j'y ai imprimé un baiser ».

A la vérité, ses baisers ne tombaient pas toujours à propos, surtout s'il lui arrivait d'ouvrir le *Cantique des Cantiques*. Alors, pour ne pas la faire rougir, je profitais de son ignorance du latin, et je me servais de phrases au moyen desquelles, la sainteté du livre étant sauvegardée, je sauvegardais aussi son innocence à elle, qui m'inspiraient toutes deux la plus grande vénération. Dans de pareils cas, je ne me permis jamais de sourire. Toutefois, ce n'était pas un petit embarras pour moi, lorsque, parfois, n'entendant pas bien ma pseudo-version, elle me priait de traduire la période mot pour mot, et ne me laissait point passer furtivement à un autre sujet.

CHAPITRE XXXII

Rien n'est durable ici-bas! Zanze tomba malade.
Dans les premiers jours de sa maladie, elle venait
me voir, se plaignant de grandes douleurs de tête.
Elle pleurait, et ne m'expliquait pas le motif de ses
larmes. Elle balbutiait seulement quelques plaintes
contre son amant. « C'est un scélérat, disait-elle,
mais que Dieu lui pardonne »!

Bien que je la priasse de soulager, comme d'habitude, son cœur, je ne pus savoir ce qui l'affligeait à ce point.

« Je reviendrai demain matin », me dit-elle un
soir. Mais le jour suivant, le café me fut apporté
par sa mère, les autres jours par des guichetiers,
et Zanze était gravement malade.

Les guichetiers me disaient des choses ambiguës
sur l'amour de cette enfant, et qui me faisaient
dresser les cheveux. Une séduction?... Mais peut-
être étaient-ce des calomnies. Je confesse que j'y
ajoutai foi, et je fus très troublé d'un si grand
malheur. J'aime cependant à espérer qu'ils avaient
menti.

Après plus d'un mois de maladie, la pauvrette
fut conduite à la campagne et je ne la revis plus.

Il est impossible de dire combien je gémis de
cette perte. Oh! comme ma solitude en devint

plus horrible! Oh! combien plus amère cent fois
que son éloignement, m'était la pensée que cette
bonne créature était malheureuse! Elle avait, avec
sa douce compassion, apporté tant de consolation
dans mes misères, et ma compassion, à moi, était
stérile pour elle! Mais certainement elle aura été
persuadée que je la pleurais; que j'aurais fait de
grands sacrifices pour lui porter, si cela eût été
possible, quelque consolation; que je ne cesserais
jamais de la bénir et de faire des vœux pour son
bonheur!

Du temps de Zanze, ses visites, bien que toujours trop courtes, rompaient agréablement la mo-
notonie de ma perpétuelle méditation et de mes
études silencieuses, entremêlant d'autres idées aux
miennes et excitant en moi une suave émotion;
elles embellissaient vraiment mon adversité et
doublaient pour moi la vie.

Depuis, la prison redevint pour moi une tombe.
Je fus pendant plusieurs jours accablé de tristesse
au point de ne plus trouver aucun plaisir à écrire.
Ma tristesse était cependant tranquille en compa-
raison des fureurs que j'avais éprouvées par le
passé. Cela voulait-il dire que je fusse déjà plus
familiarisé avec l'infortune, plus philosophe, plus
chrétien? ou simplement que cette chaleur suffocante de ma chambre parvenait à abattre à ce point
les forces de ma douleur? Ah! non, pas les forces
de ma douleur! Je me souviens que je la ressentais puissamment au fond de l'âme, — et peut-être

plus puissamment parce que je ne voulais pas l'épancher en criant et en m'agitant.

Certes, un long apprentissage m'avait déjà rendu plus capable de souffrir de nouvelles douleurs en me résignant à la volonté de Dieu. Je m'étais si souvent dit que c'était une lâcheté de se plaindre, que je savais enfin contenir les plaintes près de déborder; je rougissais même qu'elles fussent si près de déborder.

L'exercice habituel d'écrire mes pensées avait contribué à fortifier mon âme, à me désenchanter de la vanité, à ramener la plupart des raisonnements à ces conclusions :

« Il y a un Dieu, donc il y a une justice infaillible; donc tout ce qui arrive est ordonné pour la meilleure fin; donc la souffrance de l'homme sur la terre est pour le bien de l'homme ».

La connaissance de Zanze avait été aussi un bienfait pour moi; elle m'avait adouci le caractère. Ses douces louanges avaient été pour moi une instigation à ne pas manquer pendant quelques mois au devoir que je reconnaissais imposé à tous les hommes d'être supérieurs à l'infortune, et par conséquent patients. Et quelques mois de constance me plièrent à la résignation

Zanze me vit deux fois seulement me mettre en colère : la première fut celle que j'ai déjà racontée, à propos du mauvais café; l'autre dans le cas suivant :

Toutes les deux ou trois semaines, le geôlier

m'apportait une lettre de ma famille, lettre qui
avait passé d'abord par les mains de la commission, et avait été rigoureusement mutilée par des
ratures avec une encre très noire. Un jour, il
arriva qu'au lieu d'effacer seulement quelques
phrases, on étendit l'horrible rature sur la lettre
tout entière, excepté les mots : *Très cher Silvio,*
qui étaient en tête, et le bonjour qui était à la fin :
Nous t'embrassons tous de cœur.

Je fus si irrité de cela, qu'en présence de Zanze,
j'éclatai en cris de fureur, et je maudis je ne sais
qui. La pauvre enfant compatit à mon chagrin,
mais en même temps elle m'accusa d'être en désaccord avec mes principes. Je vis qu'elle avait
raison, et je ne maudis plus personne.

CHAPITRE XXXIII

Un jour, un des guichetiers entra dans ma
prison d'un air mystérieux, et me dit :

« Quand la *siora* Zanze était ici... comme le café
était apporté par elle... et qu'elle s'arrêtait longtemps à causer..., je craignais que la mauvaise
fourbe n'épiât tous les secrets de monsieur...

— Elle n'en a pas épié un seul, lui dis-je en
colère ; et moi, si j'en avais eu, je n'aurais pas été
assez simple pour me les laisser arracher. Conti-
nuez.

— Pardon, voyez-vous ; je ne dis pas que monsieur soit simple, mais moi je ne me fiais pas à la *siora* Zanze. Et maintenant que monsieur n'a plus personne qui vienne lui tenir compagnie..., je me permets... de...

— Quoi? Expliquez-vous une bonne fois.

— Monsieur me jure d'abord de ne pas me trahir?

— Eh! pour jurer de ne pas vous trahir, je le peux; je n'ai jamais trahi personne.

— Monsieur dit donc vraiment qu'il le jure, hein?

— Oui, je jure de ne pas vous trahir. Mais sachez, imbécile que vous êtes, que celui qui serait capable de vous trahir serait aussi capable de violer un serment ».

Il tira une lettre de sa poche, et me la remit en tremblant, et en me conjurant de la détruire quand je l'aurais lue.

« Restez là, lui dis-je en l'ouvrant ; aussitôt lue, je la détruirai en votre présence.

— Mais, monsieur, il faudrait répondre, et je ne puis attendre. Que monsieur fasse à son aise, seulement mettons-nous en intelligence. Quand monsieur entendra venir quelqu'un, qu'il sache que, si c'est moi, je chanterai toujours l'air : *Sognai mi gera un gato*. Alors monsieur n'a pas de surprise à craindre, et il peut garder dans sa poche un papier quelconque. Mais s'il n'entend pas cette chanson, ce sera un signe que ce n'est pas moi, ou que je suis accompagné. Dans ce cas, qu'il se garde de tenir jamais aucun papier caché, car ce pourrait être une perquisition; mais, s'il en a un, qu'il le déchire avec soin et le jette par la fenêtre.

— Soyez tranquille; je vois que vous êtes prudent, et je le serai, moi aussi.

— Pourtant monsieur m'a traité d'imbécile.

— Vous faites bien de me le reprocher, lui dis-je en lui serrant la main. Pardonnez-moi ».

Il s'en alla et je lus :

Je suis... (et ici il disait son nom) *un de vos admirateurs. Je sais toute votre* FRANCESCA DA RIMINI *par cœur. On m'a arrêté pour...* (et ici il disait la cause de son arrestation et la date), *et je donnerais je ne sais combien de livres de mon sang pour avoir le bonheur d'être avec vous, ou d'avoir au moins une prison contiguë à la vôtre, afin que nous puissions parler ensemble. Depuis que j'ai appris par Tremerello, — c'est ainsi que nous appellerons notre confident, — que vous, monsieur, étiez prisonnier, et pour quel motif, j'ai brûlé du désir de vous dire que personne ne vous plaint plus que moi, que personne ne vous aime plus que moi. Seriez-vous assez bon pour accepter la proposition suivante, c'est-à-dire d'alléger ensemble le poids de notre solitude en nous écrivant? Je vous promets, en homme d'honneur, qu'âme au monde ne le saura jamais par moi, persuadé que, si vous acceptez, je puis espérer de vous la même discrétion. — En attendant, pour que vous ayez quelque connaissance de moi, je vous ferai un abrégé de mon histoire.*

Suivait l'abrégé.

CHAPITRE XXXIV

Tout lecteur qui a un peu d'imagination comprendra facilement combien une semblable lettre devait électriser un pauvre prisonnier, surtout un prisonnier dont le caractère n'avait rien de sauvage, et de cœur aimant. Mon premier sentiment fut de m'affectionner à cet inconnu, de m'émouvoir sur ses malheurs, d'être plein de gratitude pour la bienveillance qu'il me témoignait. « Oui, m'écriai-je, j'accepte ta proposition, ô généreux compagnon. Puissent mes lettres te donner une consolation égale à celle que me donneront les tiennes, à celle que je retire déjà de la première » !

Et je lus et relus cette lettre avec une joie d'enfant, et je bénis cent fois celui qui l'avait écrite, et il me sembla que chacune de ses expressions révélait une âme pure et noble.

Le soleil descendait ; c'était l'heure de ma prière. Oh ! comme je sentais Dieu ! comme je le remerciais de toujours trouver un nouveau moyen de ne pas laisser languir les puissances de mon esprit et de mon cœur ! Comme en moi se ravivait la mémoire de tous ses dons précieux !

J'étais debout sur la grande fenêtre, les bras hors des barreaux, les mains jointes; l'église de Saint-Marc était au-dessous de moi; une prodigieuse multitude de colombes en liberté faisaient l'amour, voltigeaient, nichaient sur ce toit de plomb; le ciel le plus magnifique s'étendait devant moi; je dominais toute cette partie de Venise qui était visible de ma prison; une lointaine rumeur de voix humaines me frappait doucement l'oreille. Dans ce lieu de douleur mais merveilleux, je conversais avec Celui dont les yeux seuls me voyaient; je lui recommandais mon père, ma mère, et une à une toutes les personnes qui m'étaient chères, et il me semblait qu'il me répondait : « Fie-toi à ma bonté! » et je m'écriais : « Oui, ta bonté me rassure »!

Et je terminais ma prière tout attendri, consolé, et peu soucieux des morsures que, pendant ce temps, les moustiques m'avaient gaillardement distribuées.

Ce soir-là, après une si grande exaltation, ma rêverie commençant à se calmer, les moustiques à devenir insupportables, et le besoin de m'envelopper la face et les mains à se faire sentir de nouveau, une pensée vulgaire et méchante m'entra tout à coup dans la tête : elle me fit frissonner; je voulus la chasser, et je ne pus.

Tremerello m'avait suggéré un infâme soupçon sur Zanze : qu'elle était un espion de mes secrets, elle! cette âme candide! qui ne savait pas un mot de politique! qui ne voulait rien en savoir!

Il m'était impossible de douter d'elle; mais je me demandai : « Ai-je la même certitude à l'endroit de Tremerello? Et si ce fourbe était un instrument d'odieuses instigations? Si la lettre avait été fabriquée par on ne sait qui, pour m'amener à faire d'importantes confidences à ce nouvel ami? Peut-être le prétendu prisonnier qui m'écrit n'existe en aucune façon; peut-être existe-il, et est-il un perfide qui cherche à surprendre mes secrets, pour se sauver lui-même en les révélant; peut-être est-ce un galant homme, oui, mais le traître, c'est Tremerello qui veut nous entraîner tous deux à notre ruine pour gagner une augmentation de salaire ».

Oh! la chose affreuse, mais trop naturelle à qui gémit en prison, que de craindre de tous côtés l'inimitié et la fourberie!

De semblables doutes me plongeaient dans l'angoisse, me rendaient lâche. Non; quant à Zanze, je n'avais jamais pu les avoir un moment! Cependant, depuis que Tremerello avait laissé échapper cette parole sur elle, un demi-doute me tourmentait, non sur elle, mais sur ceux qui la laissaient venir dans ma chambre. Lui avaient-ils, soit d'eux-mêmes et par zèle, soit par ordre supérieur, donné mission de m'espionner? Oh! s'il en avait été ainsi, comme ils avaient été mal servis!

Mais pour ce qui concernait la lettre de l'inconnu, que faire? S'en tenir aux sévères, aux mes-

quins conseils de la peur qui s'intitule prudence?
Rendre la lettre à Tremerello, et lui dire : « Je ne
veux pas risquer ma tranquillité »? Et s'il n'y avait
là aucune tromperie? Et si l'inconnu était un
homme parfaitement digne de mon amitié, méri-
tant que je risquasse quelque chose pour lui adoucir les angoisses de la solitude? Lâche! tu es peut-
être à deux pas de la mort; la fatale sentence peut
être prononcée d'un jour à l'autre, et tu te refuse-
rais à faire encore acte d'affection? Répondre,
répondre, je le dois! — Mais si on venait par malheur à découvrir cette correspondance, et que personne ne pût en conscience nous en faire un crime,
n'est-il pas vrai cependant qu'un dur châtiment
retomberait sur le pauvre Tremerello? Cette consi-
dération n'est-elle pas suffisante pour m'imposer
comme un devoir absolu de ne pas entreprendre
de correspondance clandestine?

CHAPITRE XXXV

Je fus agité toute la soirée, je ne fermai pas
l'œil de la nuit, et au milieu de tant d'incertitudes,
je ne savais que résoudre.

Je sautai du lit avant l'aube, je montai sur la
fenêtre et je priai. Dans les cas difficiles on a
besoin de s'entretenir avec Dieu confidentielle-

ment, d'écouter ses inspirations et de les suivre.

Je fis ainsi, et après une longue prière je descendis ; je secouai les moustiques, j'essuyai avec les mains mes joues couvertes de morsures, et mon parti fut pris : exposer à Tremerello ma crainte que cette correspondance ne lui attirât des désagréments ; y renoncer s'il hésitait ; accepter si si mes craintes ne l'arrètaient pas.

Je me promenai jusqu'au moment où j'entendis chanter : *Sognai, mi gera un gato, e li me carezzevi.* Tremerello m'apportait le café.

Je lui dis mes scrupules, je n'épargnai pas mes paroles pour lui faire peur. Je le trouvai ferme dans la volonté *de servir*, disait-il, deux *messieurs si accomplis.* C'était assez en opposition avec la figure de lapin qu'il avait et avec le nom de Tremerello que nous lui donnions. Dès lors, je tins ferme, moi aussi.

« Je vous laisserai mon vin, lui dis-je ; fournissez-moi le papier nécessaire à cette correspondance, et soyez sûr que si j'entends résonner les clefs sans votre chanson, je détruirai toujours en un instant tout objet clandestin.

— Voici justement une feuille de papier ; j'en donnerai toujours à monsieur tant qu'il voudra, et je me repose parfaitement sur sa prudence ».

Je me brûlai le palais pour avaler promptement mon café ; Tremerello s'en alla, et je me mis à écrire.

Faisais-je bien ? La résolution que je prenais

était-elle inspirée vraiment par Dieu? N'était-ce
pas plutôt un triomphe de ma témérité naturelle,
de ma tendance à préférer ce qui me plaît à de
pénibles sacrifices? Un mélange de complaisance
orgueilleuse pour l'estime que l'inconnu me témoignait et de crainte de paraître pusillanime, si
je préférais un prudent silence à une correspondance qui pouvaït faire courir quelques
risques?

Comment dissiper ces doutes? Je les exposai
avec candeur à mon compagnon de captivité en
lui répondant, et j'ajoutai néanmoins que mon
avis était que, quand on croit agir par de bonnes
raisons et sans répugnance manifeste de la conscience, on ne doit plus avoir peur de commettre
de faute; qu'il eût toutefois à réfléchir de son côté
de la façon la plus sérieuse à l'entreprise que nous
entamions, et qu'il me fît connaître franchement
par quel degré de tranquillité ou d'inquiétude il
s'y déterminait; que si, par suite de nouvelles
réflexions, il jugeait l'entreprise trop téméraire,
nous devions faire l'effort de renoncer à la consolation que nous nous étions promise par cette correspondance, et nous contenter de nous être connus
par l'échange de paroles peu nombreuses mais
gages ineffaçables d'une vive amitié.

J'écrivis quatre pages toutes brûlantes de la plus
sincère affection : je relatai brièvement le motif de
mon emprisonnement ; je parlai avec effusion de
cœur de ma famille et de quelques-uns de mes

autres amis particuliers, et je visai à me faire connaitre jusqu'au fond de l'âme.

Le soir, ma lettre fut portée. N'ayant pas dormi la nuit précédente, j'étais très fatigué ; le sommeil ne se fit point appeler, et je me réveillai le matin suivant reposé, joyeux, palpitant à la douce pensée d'avoir d'un moment à l'autre la réponse de mon ami.

CHAPITRE XXXVI

La réponse vint avec le café. Je sautai au cou de Tremerello, et je lui dis avec tendresse : « Que Dieu te récompense de tant de charité » ! Mes soupçons sur lui et sur l'inconnu s'étaient dissipés, je ne sais encore dire pourquoi : parce qu'ils m'étaient odieux ; parce que, ayant la prudence de ne jamais parler follement de politique, ils me paraissaient inutiles ; parce que, tout en étant admirateur du génie de Tacite, j'ai cependant peu de confiance dans la justesse de sa recommandation de voir surtout les choses en noir.

Julien (c'est ainsi qu'il plut à mon correspondant de signer) commençait sa lettre par un préambule plein de courtoisie, et se disait sans aucune inquiétude sur la correspondance entamée. Il plaisantait ensuite doucement sur mon hésita-

tion, puis sa plaisanterie devenait quelque peu
mordante. Enfin, après un éloquent éloge de la
sincérité, il me demandait pardon de ne pouvoir
pas me dissimuler le déplaisir qu'il avait éprouvé
en reconnaissant en moi, disait-il, *une certaine in-
décision scrupuleuse, une sorte de subtilité chrétienne
de conscience qui ne peut s'accorder avec la vraie
philosophie.*

Je vous estimerai toujours (ajoutait-il), *quand
même nous ne pourrions nous accorder sur cela; mais
la sincérité que je professe m'oblige à vous dire que
je n'ai pas de religion, que je les abhorre toutes, que
je prends* par modestie *le nom de Julien, parce que
ce bon empereur était l'ennemi des chrétiens, mais
qu'en réalité je vais beaucoup plus loin que lui. Ce
Julien couronné croyait en Dieu, et avait certaines
bigoteries à lui. Moi, je n'en ai aucune; je ne crois
pas en Dieu; je fais consister toute la vertu à aimer
la vérité et ceux qui la cherchent, et à haïr qui ne me
plaît pas.*

Et, continuant sur ce ton, il ne produisait aucune raison, invectivait de droite et de gauche le
christianisme, louait avec une pompeuse énergie
la grandeur de la vertu qui n'a pas de religion, et
se prenait, dans un style moitié sérieux, moitié
plaisant, à faire l'éloge de l'empereur Julien pour
son apostasie et pour sa *philanthropique tentative*
d'effacer de la terre toute trace de l'Évangile.

Craignant ensuite d'avoir trop heurté mes opinions, il revenait à me demander pardon, et à

déclamer contre le manque si fréquent de sincérité. Il répétait son très grand désir de se tenir en relation avec moi, et me saluait.

Un post-scriptum disait : *Je n'ai pas d'autres scrupules, sinon d'être suffisamment franc. Je ne puis par conséquent vous taire mes soupçons que le langage chrétien que vous tenez avec moi ne soit une feinte. Je le désire ardemment. Dans ce cas, jetez le masque ; je vous ai donné l'exemple.*

Je ne saurais dire l'étrange effet que me fit cette lettre. Je tremblais comme un amoureux aux premiers jours ; il me sembla ensuite qu'une main de glace m'étreignit le cœur. Ce sarcasme sur mes dispositions de conscience m'offensa. Je me repentis d'avoir noué des relations avec un tel homme : moi qui méprise tant le cynisme ! moi qui le crois la plus antiphilosophique, la plus vile de toutes les tendances ! moi à qui l'arrogance impose si peu !

Après avoir lu le dernier mot, je pris la lettre entre le pouce et l'index d'une main, le pouce et l'index de l'autre, et levant la main gauche, je tirai rapidement la droite, de sorte que chacune des deux mains resta en possession d'une moitié de lettre.

CHAPITRE XXXVII

Je regardai ces deux lambeaux, et je méditai un instant sur l'inconstance des choses humaines et sur la fausseté de leurs apparences. — Tout à l'heure j'avais tant désiré cette lettre, et maintenant je la déchire avec indignation! Tout à l'heure un tel pressentiment de future amitié avec ce compagnon d'infortune, une telle persuasion d'une consolation mutuelle, une telle disposition à me montrer très affectueux avec lui, et maintenant je le traite d'insolent!

Je plaçai les deux lambeaux l'un sur l'autre, et les ayant pris comme la première fois entre l'index et le pouce d'une main et l'index et le pouce de l'autre, je levai de nouveau la main gauche et abaissai rapidement la droite.

J'allais répéter la même opération, mais un des quatre morceaux me tomba des mains; je me baissai pour le prendre, et, dans le court espace de temps que je mis à me baisser et à me relever, je changeai d'avis, et je voulus relire cet orgueilleux écrit.

Je m'assieds, je raccorde les quatre morceaux sur la Bible, et je relis. Je les laisse en cet état, je me promène, je relis encore, et pendant ce temps-là je pense :

« Si je ne lui réponds pas, il croira que je suis
anéanti de confusion, que je n'ose reparaître en
présence d'un tel Hercule. Répondons-lui, faisons-
lui voir que nous ne craignons pas de confronter
les doctrines. Démontrons-lui, de façon courtoise,
qu'il n'y a aucune lâcheté à mûrir ses décisions, à
hésiter quand il s'agit d'une résolution quelque
peu périlleuse, et plus périlleuse pour autrui que
pour nous. Qu'il apprenne que le vrai courage ne
consiste pas à se rire de la conscience ; que la vraie
dignité ne consiste pas dans l'orgueil. Expliquons-
lui la raison d'être du christianisme et le peu de
fondement de l'incrédulité... Et finalement, si ce
Julien montre des opinions si opposées aux
miennes, s'il ne m'épargne pas les poignants sarcasmes, s'il daigne si peu me captiver, n'est-ce
pas au moins une preuve qu'il n'est pas un
espion?... Toutefois, ne pourrait-ce pas être un
raffinement d'artifice que cette façon de fustiger
si rudement mon amour-propre?... Et pourtant
non, je ne puis le croire. Je suis un méchant qui,
parce que je me sens offensé par ces téméraires
railleries, voudrais me persuader que celui qui les
a lancées ne peut être que le plus abject des hommes. Méchanceté vulgaire que j'ai condamnée
mille fois chez les autres, sortez de mon cœur !
Non, Julien est ce qu'il est, et rien de plus ; c'est
un insolent, et non un espion... Et moi, ai-je vraiment le droit de donner le nom odieux d'*insolence*
à ce qu'il appelle, lui, *sincérité*?... Voilà ton humi-

lité, ô hypocrite! il suffit que quelqu'un, par erreur de jugement, soutienne des opinions fausses et se moque de ta foi, pour qu'aussitôt tu t'arroges le droit de le vilipender!... Dieu sait si cette humilité pleine de rage, si ce zèle malveillant dans le cœur d'un chrétien comme moi, n'est pas pire que l'audacieuse sincérité de cet incrédule!... Peut-être ne lui manque-t-il qu'un rayon de la grâce pour que son énergique amour du vrai se change en religion plus solide que la mienne... Ne ferais-je pas mieux de prier pour lui, que de me mettre en colère et de me supposer meilleur?... Qui sait si, pendant que je déchirais avec fureur sa lettre, il ne relisait pas la mienne avec une douce bienveillance, et s'il ne se confiait pas en ma bonté au point de me croire incapable de m'offenser de ses franches paroles?... Quel serait le plus inique des deux, celui qui aime et dit : « Je ne suis pas chrétien », ou bien celui qui dit : « Je suis chrétien », et qui n'aime pas?... C'est chose difficile que de connaître un homme, après avoir vécu avec lui de longues années; et moi, je voudrais juger celui-ci d'après une lettre? Parmi tant de choses possibles, ne pourrait-il pas se produire celle-ci, que, sans se l'avouer à lui-même, il ne soit pas si tranquille dans son athéisme, et que, par suite, il ne m'excite à le combattre, avec la secrète espérance d'être obligé de céder? Oh! si cela pouvait être! ô grand Dieu, aux mains de qui tous les instruments les plus

indignes peuvent être efficaces, choisis-moi,
choisis-moi pour cette œuvre ! Dicte-moi de si
puissantes et si saintes raisons, qu'elles puissent
convaincre cet infortuné ! qu'elles l'amènent à te
bénir et à apprendre que, loin de toi, il n'y a pas
de vertu qui ne soit contradiction » !

CHAPITRE XXXVIII

Je déchirai plus menu, mais sans reste de colère,
les quatre parties de la lettre ; j'allai à la fenêtre,
j'étendis la main, et m'arrêtai à regarder le sort
de ces divers petits morceaux de papier jouets du
vent. Quelques-uns se posèrent sur les plombs de
l'église, les autres tournoyèrent longtemps dans
l'air, et tombèrent à terre. Je vis qu'ils s'étaient
tellement dispersés qu'il n'y avait aucun danger
que quelqu'un les réunît et en comprît le mystère.

J'écrivis ensuite à Julien, et je mis tout mon soin
à ne pas être et à ne point paraître fâché.

Je plaisantai sur sa crainte de me voir pousser
la subtilité de conscience à un degré qui ne pût
pas s'accorder avec la philosophie, et je lui dis de
suspendre au moins sur ce point son jugement. Je
louai la profession de sincérité qu'il faisait ; je lui
assurai qu'il avait trouvé en moi son égal à cet
égard, et j'ajoutai que, pour lui en donner la

preuve, je me disposais à défendre le christianisme; *bien persuadé*, disais-je, *que, comme je
serai toujours prêt à écouter amicalement toutes vos
opinions, vous aurez de même la courtoisie d'écouter
les miennes avec bienveillance.*

Cette défense, je me proposais de la faire peu à
peu, et, en attendant, je la commençais, analysant
avec fidélité l'essence du christianisme : — culte
de Dieu, abolition de la superstition ; — fraternité
entre les hommes, aspiration perpétuelle à la
vertu ; — humilité sans bassesse, dignité sans
orgueil ; — type, un Homme-Dieu ! Quoi de plus
philosophique et de plus grand ?

J'entendais ensuite démontrer comment une
telle sagesse s'était plus ou moins faiblement ré-
pandue parmi tous ceux qui, avec les lumières de
la raison, avaient cherché le vrai, mais ne s'était
jamais épanchée dans tout l'univers ; et comment
le divin Maître, étant venu sur la terre, donna un
signe merveilleux de soi-même, en opérant cette
diffusion avec les moyens humainement les plus
faibles. Ce que les plus grands philosophes ne
purent pas faire, la destruction de l'idolâtrie et la
prédication générale de la fraternité, fut accompli
par quelques grossiers disciples. Alors l'émancipa-
tion des esclaves devint de plus en plus fréquente,
et finalement apparut une société sans esclaves,
état de société qui avait paru impossible aux
anciens philosophes.

Une revue de l'histoire, depuis Jésus-Christ jusqu'à ce jour, devait en dernier lieu démontrer comment la religion établie par lui s'était toujours adaptée à tous les degrés possibles de civilisation. D'où il est faux que, la civilisation continuant à progresser, l'Évangile ne puisse plus s'accorder avec elle.

J'écrivis en très petits caractères et très longuement; mais je ne pus toutefois aller bien loin sans que le papier me manquât. Je lus et relus mon introduction, et elle me sembla bien faite. Il n'y avait pas une seule phrase de ressentiment pour les sarcasmes de Julien, et les expressions de bienveillance abondaient, et elles avaient été dictées par le cœur déjà pleinement revenu à la tolérance.

J'envoyai la lettre, et le matin suivant j'en attendais la réponse avec anxiété.

Tremerello vint et me dit:

« Ce monsieur n'a pas pu écrire, mais il prie Monsieur de continuer la plaisanterie!

— Plaisanterie? m'écriai-je. Eh! il n'aura pas dit plaisanterie! Vous aurez mal compris ».

Tremello haussa les épaules : « J'aurai mal compris.

— Mais il vous semble vraiment qu'il a dit plaisanterie?

— Comme il me semble entendre en ce moment les coups de Saint-Marc ». (L'horloge sonnait justement). Je bus mon café, et je me tus.

« Mais, dites-moi : ce monsieur avait déjà lu toute ma lettre?

— Il me semble que oui : car il riait, il riait comme un fou, et faisait de cette lettre une balle et la jetait en l'air ; et quand je lui dis de ne pas oublier de la détruire, il la détruisit sur-le-champ.

— C'est très bien ».

Et je rendis la tasse à Tremerello, en lui disant qu'on voyait bien que le café avait été fait par la *siora* Bettina.

« Monsieur l'a trouvé mauvais ?

— Très mauvais.

— Et pourtant c'est moi qui l'ai fait, et je puis assurer à Monsieur que je l'ai fait très fort, et qu'il n'y avait pas de marc au fond.

— Je n'avais probablement pas la bouche bonne ».

CHAPITRE XXXIX

Je me promenai toute la matinée, frémissant. Quelle espèce d'homme est ce Julien ? Pourquoi traiter ma lettre de plaisanterie ? Pourquoi rire et jouer à la balle avec elle ? Pourquoi ne pas même me répondre une ligne ? Tous les incrédules sont ainsi ! Sentant la faiblesse de leurs opinions, si quelqu'un s'avise de les réfuter, ils n'écoutent pas, rient, font ostentation d'une supériorité d'esprit qui n'a plus besoin de rien examiner. Malheureux !

Et quand y eut-il jamais de philosophie sans examen, sans étude sérieuse? S'il est vrai que Démocrite riait sans cesse, c'était un bouffon. Mais c'est bien fait; pourquoi entreprendre cette correspondance? Que je me fusse fait illusion un moment, c'était pardonnable. Mais quand j'ai vu cet homme devenir insolent, n'ai-je pas été moi-même un sot de lui écrire encore?

J'étais résolu à ne plus lui écrire. A dîner, Tremerello prit mon vin, le versa dans un flacon, et le mettant dans sa poche : « Je m'aperçois, dit-il, que j'ai là du papier à donner à Monsieur ».

Et il me le remit.

Il s'en alla, et moi, regardant ce papier blanc, je me sentais venir la tentation d'écrire une dernière fois à Julien, de prendre congé de lui avec une bonne leçon sur la turpitude de l'insolence.

« Belle tentation, dis-je ensuite, de lui rendre mépris pour mépris! de lui faire haïr davantage le christianisme en lui montrant en moi, chrétien, impatience et orgueil! Non, cela n'est pas bien; cessons tout à fait cette correspondance. Et si je la cesse si brusquement, ne dira-t-il pas également que l'impatience et l'orgueil m'ont vaincu? Il est convenable de lui écrire encore une fois et sans fiel. Mais si je puis écrire sans fiel, ne vaudrait-il pas mieux ne point paraître instruit de ses sarcasmes et du nom de plaisanterie dont il a gratifié ma lettre? Ne vaudrait-il pas mieux continuer tout bonnement ma lettre? Ne vaudrait-il pas mieux continuer tout bonnement mon apologie du christianisme » ?

J'y pensai un instant, et je m'arrêtai à ce parti.

Le soir j'expédiai mon paquet, et le matin suivant je reçus quelques lignes de remerciement très froides, mais sans expressions mordantes, mais aussi sans le moindre signe d'approbation ni d'invitation à continuer.

Un pareil billet me déplut. Néanmoins, je résolus de pas me désister jusqu'au bout.

Ma thèse ne pouvait se traiter brièvement, et fut l'objet de cinq ou six autres longues lettres, à chacune desquelles on me répondait par un laconique remerciement, accompagné de quelque déclamation étrangère au sujet : tantôt se livrant à des imprécations contre ses ennemis, tantôt riant de les avoir chargés d'imprécations, et disant qu'il était naturel que les forts opprimassent les faibles, et qu'il regrettait seulement de ne pas être fort ; tantôt me confiant ses amours, et l'empire qu'ils exerçaient sur son imagination tourmentée.

Néanmoins, à ma dernière lettre sur le christianisme, il disait qu'il me préparait une longue réponse. J'attendis plus d'une semaine, et en attendant il m'écrivait chaque jour sur toute autre chose, et le plus souvent des obscénités.

Je le priai de se rappeler la réponse dont il m'était débiteur, et je lui recommandai de vouloir bien appliquer son esprit à peser sérieusement toutes les raisons que je lui avais envoyées.

Il me répondit assez rageusement, en se prodi-
guant les titres de *philosophe*, d'*homme sûr*, d'*homme
qui n'avait pas besoin de peser si longtemps pour comprendre que les vers luisants ne sont pas des lanternes*,
et il se remit à parler allègrement d'aventures
scandaleuses.

CHAPITRE XL

Je patientais pour ne pas me faire traiter de
bigot et d'intolérant, et parce que je ne désespérais
pas qu'après cette fièvre de bouffonnerie érotique,
n'arrivât une période de gravité. En attendant, je
lui manifestais ma désapprobation pour son irré-
vérence envers les femmes, pour sa manière profane de comprendre l'amour, et je plaignais les
infortunées qu'il me disait avoir été ses victimes.

Il feignait de croire peu à ma désapprobation, et
répétait : *Malgré vos reproches d'immoralité, je suis
certain de vous divertir avec mes récits; — tous les
hommes aiment le plaisir comme moi, mais n'ont pas
la franchise d'en parler sans voile; je vous en dirai
tant, que je vous enchanterai, et que vous vous sentirez
en conscience obligé de m'applaudir.*

Mais, de semaine en semaine, il ne se relâchait
pas de ces infamies, et moi (espérant toujours à
chaque lettre trouver un autre thème et me lais-

sant entraîner par la curiosité), je lisais tout, et mon âme en restait, non pas séduite, mais bien troublée, et éloignée des pensées nobles et saintes. S'entretenir avec les hommes dégradés, dégrade si l'on n'a pas une vertu bien supérieure à la vertu commune, bien supérieure à la mienne.

« Te voilà puni, me disais-je à moi-même, de ta présomption ! Voilà ce que l'on gagne à vouloir faire le missionnaire sans en avoir la sainteté » !

Un jour je me résolus à lui écrire ces mots :

Je me suis efforcé jusqu'à présent de vous inviter à traiter d'autres sujets, et vous m'envoyez toujours des nouvelles qui, je vous le dis franchement, me déplaisent. S'il vous agrée que nous parlions de choses plus convenables, nous continuerons cette correspondance ; autrement, touchons-nous la main, et que chacun de nous reste de son côté.

Je fus pendant deux jours sans réponse, et tout d'abord je m'en réjouis. « O solitude bénie ! allais-je m'écriant, combien tu es moins amère qu'une conversation sans harmonie et avilissante ! Au lieu de me fatiguer en vain à leur opposer l'expression des sentiments qui honorent l'humanité, je reviendrai à converser avec Dieu, avec les chères mémoires de ma famille et de mes vrais amis. Je reviendrai à lire davantage la Bible, à écrire mes pensées sur la table, étudiant le fond de mon cœur et m'efforçant de le rendre meilleur, de goûter les douceurs d'une mélancolie innocente, mille fois préférables à des images joyeuses et iniques ».

Toutes les fois que Tremerello entrait dans ma prison, il me disait : « Monsieur n'a pas encore de réponse. — C'est bien », répondais-je.

Le troisième jour il me dit : « Monsieur N.N. est à moitié malade.

— Qu'a-t-il ?

— Il ne le dit pas, mais il est toujours étendu sur son lit ; il ne mange pas, ne boit pas, et est de mauvaise humeur ».

Je fus ému en pensant qu'il souffrait et qu'il n'avait personne pour le consoler.

Ce cri s'échappa de mes lèvres, ou plutôt de mon cœur : « Je lui écrirai deux lignes.

— Je les porterai ce soir », dit Tremerello ; et il s'en alla.

J'étais un peu embarrassé en me mettant devant ma petite table. « Fais-je bien de reprendre notre correspondance ? Ne bénissais-je pas tout à l'heure la solitude comme un trésor reconquis ? Quelle inconstance est donc la mienne !... Et pourtant cet infortuné ne mange ni ne boit ; sûrement il est malade. Est-ce le moment de l'abandonner ? Mon dernier billet était dur ; il aura contribué à l'affliger. Peut-être, en dépit de nos différentes manières de sentir, il n'aurait jamais rompu notre amitié. Mon billet lui aura semblé plus malveillant qu'il ne l'était ; il l'aura pris pour un congé absolu et méprisant ».

CHAPITRE XLI

J'écrivis ceci :

J'apprends que vous n'êtes pas bien, et je m'en afflige vivement. Je voudrais de tout mon cœur être près de vous et vous rendre tous les services d'un ami. J'espère que le mauvais état de votre santé aura été l'unique motif de votre silence depuis trois jours. Ne vous seriez-vous pas offensé de mon billet de l'autre jour ? Je l'ai écrit, je vous l'assure, sans la moindre malveillance, et dans le seul but de vous amener à des sujets d'entretien plus sérieux. Si écrire vous fatigue, envoyez-moi seulement des nouvelles exactes de votre santé : je vous écrirai chaque jour quelque petite chose pour vous distraire et pour qu'il vous souvienne que je vous aime.

Je ne me serais jamais attendu à la lettre qu'il me répondit. Elle commençait ainsi :

Je te retire mon amitié ; si tu ne sais que faire de la mienne, je ne sais que faire de la tienne. Je ne suis pas homme à pardonner les offenses, je ne suis pas un homme qui, une fois repoussé, consente à revenir. Parce que tu me sais malade, tu te rapproches hypocritement de moi, espérant que la maladie aura affaibli mon esprit et m'amènera à écouter les sermons...

Et il poursuivait sur ce ton, me blâmant avec violence, me raillant, tournant en ridicule tout ce que je lui avais dit de religion et de morale, protestant de vivre et de mourir toujours le même, c'est-à-dire avec la haine la plus vive et le plus grand mépris de toutes les philosophies opposées à la sienne.

Je restai abasourdi !

« Les belles conversions que je fais ! disais-je douloureusement et avec un frisson d'horreur. — Dieu est témoin si mes intentions étaient pures ! — Non, ces injures, je ne les ai pas méritées. — Eh bien ! patience ; c'est une désillusion de plus. Tant pis pour celui-ci s'il s'imagine avoir reçu des offenses pour avoir la volupté de ne pas les pardonner ! Je ne suis pas obligé à faire plus que ce que j'ai fait ».

Toutefois, au bout de quelques jours, mon indignation s'apaisa, et je pensai qu'une lettre si furieuse pouvait avoir été le résultat d'une exaltation de peu de durée. « Peut-être en rougit-il déjà, disais-je, mais il est trop altier pour confesser ses torts. Ne serait-ce pas une œuvre généreuse, maintenant qu'il a eu le temps de se calmer, de lui écrire encore » ?

Il m'en coûtait beaucoup de faire un si grand sacrifice d'amour-propre, mais je le fis. Celui qui s'humilie sans but honteux, ne s'avilit pas, quelque injuste que soit le dédain qui lui en revienne.

J'eus pour réponse une lettre moins violente,

mais non moins insultante. Mon implacable compagnon disait qu'il admirait mon évangélique modération.

Or donc (poursuivait-il), reprenons notre correspondance, mais parlons clairement. Nous ne nous aimons pas. Nous nous écrirons chacun pour nous distraire, mettant librement sur le papier tout ce qui nous viendra en tête : vous, vos fantaisies séraphiques, et moi, mes blasphèmes ; vous, vos extases sur la dignité de l'homme et de la femme; moi, le récit ingénu de mes profanations, espérant, moi vous convertir et vous me convertir, moi. Répondez-moi si le traité vous plaît.

Je répondis :

Ce que vous me proposez n'est pas un traité, mais une raillerie. J'ai été rempli de bon vouloir à votre égard. Ma conscience ne m'oblige plus à autre chose qu'à vous souhaiter toutes les félicités pour cette vie et pour l'autre.

Ainsi finirent mes relations clandestines avec cet homme — qui sait! peut-être plus aigri par le malheur et le délire du désespoir, que méchant.

CHAPITRE XLII

Je bénis encore une fois et sincèrement ma solitude, et mes jours s'écoulèrent de nouveau pendant quelque temps sans vicissitudes.

L'été finit ; dans la dernière moitié de septembre la chaleur tomba. Octobre vint ; je me réjouissais alors d'avoir une chambre qui pendant l'hiver devait être bonne. Voici qu'un matin le geôlier me dit qu'il avait ordre de me changer de prison.

« Et où allons-nous ?

— A quelques pas, dans une chambre plus fraîche.

— Et pourquoi n'y avoir pas pensé quand je mourais de chaleur, que l'air était rempli de moustiques et le lit de punaises ?

— L'ordre n'est pas venu plus tôt.

— Patience ! allons » !

Bien que j'eusse beaucoup souffert dans cette prison, je regrettai de la quitter, non seulement parce que dans la saison froide elle devait être excellente, mais pour tant de raisons ! J'avais là ces fourmis que j'aimais et que je nourrissais avec une sollicitude, je dirais presque paternelle si l'expression n'était pas ridicule. Depuis quelques jours, cette chère araignée dont j'ai parlé avait émigré, je ne sais pour quel motif ; mais je disais : « Qui sait si elle ne se souvient pas de moi et si elle ne reviendra pas? — Et maintenant que je m'en vais, elle reviendra peut-être et trouvera la prison vide, ou, s'il y a quelque hôte nouveau, ce sera peut-être un ennemi des araignées, qui détruira avec sa pantoufle cette belle toile, et écrasera la pauvre bête! En outre, cette triste prison ne m'avait-elle pas été embellie par la pitié de Zanze? C'est à cette fenêtre qu'elle s'appuyait si souvent, et laissait tomber généreusement les miettes de pain pour mes fourmis. C'est là qu'elle avait coutume de s'asseoir ; là qu'elle me fit ce récit ; là qu'elle m'en fit un autre! là qu'elle se penchait sur ma petite table ; là que ses larmes coulèrent »!

L'endroit où l'on me plaça était aussi sous les plombs, mais au nord et au couchant, avec deux fenêtres, une de chaque côté : séjour de rhumes continuels et d'horribles froids glacials dans les mois rigoureux.

La fenêtre du côté du couchant était très grande ; celle au nord était petite et élevée, et placée au-dessus de mon lit.

Je me mis d'abord à la première, et je vis qu'elle donnait sur le palais du patriarche. D'autres prisons étaient près de la mienne, dans une aile de peu d'étendue à droite, et dans un corps de logis qui se trouvait en face de moi. Dans ce corps de logis se trouvaient deux prisons, l'une au-dessus de l'autre. La prison inférieure avait une énorme fenêtre, par laquelle on voyait se promener à l'intérieur un homme élégamment vêtu. C'était M. Caporali di Cesena. Il me vit, me fit quelques signes, et nous nous dîmes nos noms.

Je voulus ensuite examiner où donnait mon autre fenêtre. Je plaçai la petite table sur le lit et sur la petite table une chaise; je grimpai dessus, et je vis que j'étais au niveau d'une partie du toit du palais. Au delà du palais, s'apercevait une bonne portion de la ville et de la lagune.

Je m'arrêtai à considérer cette belle vue, et, entendant ouvrir la porte, je ne me dérangeai pas. C'était le geôlier qui, me voyant grimpé là-haut, oublia que je ne pouvais passer comme une souris à travers les barreaux. Il pensa que j'essayais de fuir, et, dans le rapide instant de son trouble, il sauta sur le lit, en dépit d'une sciatique qui le tourmentait, et me saisit par les jambes en criant comme un aigle.

« Mais ne voyez-vous pas, lui dis-je, ô étourdi, qu'on ne peut pas s'enfuir à cause de ces barreaux? Ne comprenez-vous pas que je suis monté là uniquement par curiosité?

— Je vois, monsieur, je vois, je comprends; mais que monsieur descende toujours, qu'il descende; ce sont là des tentations de s'échapper ».

Et il me fallut descendre, et rire.

CHAPITRE XLIII

Aux fenêtres des prisons latérales, je reconnus six autres détenus pour causes politiques.

Voilà donc que, pendant que je me disposais à une solitude plus grande que par le passé, je me trouve dans une espèce de monde. Tout d'abord cela me contraria, soit que la longue vie d'isolement eût déjà rendu mon caractère quelque peu insociable, soit que le résultat désagréable de ma liaison avec Julien m'eût rendu défiant.

Néanmoins, les petites conversations que nous nous mîmes à faire, moitié de vive voix, moitié par signes, me semblèrent bientôt un bienfait, sinon comme un stimulant à la joie, du moins comme distraction. De mes relations avec Julien je ne dis rien à personne. Nous nous étions donné, lui et moi, notre parole d'honneur que le secret resterait enseveli entre nous. Si j'en parle dans ces pages, c'est parce que, sous quelques yeux qu'elles tombent, il sera impossible, au milieu de tant de gens qui gisaient dans ces prisons, de deviner qui était ce Julien.

A ces nouvelles connaissances de compagnons de captivité s'en ajouta une autre qui me fut on ne peut plus douce.

De la grande fenêtre je voyais, outre le prolongement des prisons qui s'élevait en face de moi, une grande extension de toits ornés de cheminées, de belvédères, de clochers, de coupoles, qui allait se perdre dans la perspective de la mer et du ciel. Dans la maison la plus voisine de moi, qui était une aile du palais du patriarche, habitait une bonne famille qui acquit des droits à ma reconnaissance, en me montrant par ses saluts la pitié que je lui inspirais. Un salut, une parole d'affection aux infortunés, c'est une grande charité !

Là, d'une des fenêtres, un garçon de neuf à dix ans se mit à lever ses petites mains vers moi, et je l'entendis crier :

« Maman, maman, ils ont mis quelqu'un là-haut, sous les Plombs. O pauvre prisonnier, qui es-tu?

— Je suis Silvio Pellico », répondis-je.

Un autre garçon, un peu plus grand, courut lui aussi à la fenêtre, et cria :

« Tu es Silvio Pellico?

— Oui, et vous, chers petits enfants?

— Moi je m'appelle Antoine S... et mon frère. Joseph ».

Puis il se retournait et disait : « Quelle autre chose dois-je lui demander »?

Et une dame, que je supposai devoir être leur mère, et qui se tenait à moitié cachée, suggérait de gracieuses paroles à ces chers enfants, et eux me les disaient, et moi je les en remerciais avec la plus vive tendresse.

Ces conversations étaient peu de chose, et il ne fallait pas en abuser, pour ne pas faire crier le geôlier, mais chaque jour elles se répétaient à ma grande consolation, le matin, à midi et le soir. Quand on allumait les lumières, cette dame fermait la fenêtre, les enfants criaient : « Bonne nuit, Silvio » ! et elle, rendue courageuse par l'obscurité, répétait d'une voix émue : « Bonne nuit, Silvio ! courage » !

Quand ces enfants déjeunaient ou qu'ils prenaient leur goûter, ils me disaient : « Oh ! si nous pouvions te donner de notre café au lait ! Oh ! si nous pouvions te donner de nos gâteaux ! Le jour où tu seras en liberté, souviens-toi de venir nous voir ! Nous te donnerons des gâteaux bons et tout chauds, et tant de baisers » !

CHAPITRE XLIV

Le mois d'octobre était le retour du plus cruel de mes anniversaires. J'avais été arrêté le 13 du même mois de l'année précédente. Quelques tristes souvenirs me revenaient en outre dans ce mois. Deux ans auparavant, en octobre, s'était noyé, par un funeste accident, dans le Tessin, un galant homme que j'estimais beaucoup. Trois ans auparavant, en octobre, s'était tué involontairement avec un fusil Odoard Briche, jeune homme que j'aimais comme si c'eût été mon fils. Dans le temps de ma première jeunesse, en octobre, une autre grande affliction m'avait frappé.

Bien que je ne sois pas superstitieux, la rencontre fatale dans ce mois de souvenirs si douloureux me rendait fort triste.

En causant par la fenêtre avec ces enfants et avec mes compagnons de captivité, je feignais d'être joyeux ; mais, à peine étais-je rentré dans mon antre, un poids inénarrable de douleur me retombait comme du plomb sur l'âme.

Je prenais la plume pour composer quelques vers, ou pour m'appliquer à quelque autre œuvre littéraire, et une force irrésistible semblait me contraindre à écrire toute autre chose. Quoi ? De longues lettres que je ne pouvais envoyer ; de longues lettres à ma chère famille, dans lesquelles je versais tout mon cœur. Je les écrivais sur la petite table, et puis je les raclais. C'étaient de chaudes expressions de tendresse, et des souvenirs de la félicité dont j'avais joui auprès de mes parents, de mes frères et de mes sœurs, si indulgents, si aimants. Le désir que je ressentais d'eux m'inspirait une infinité de choses passionnées. Après avoir écrit pendant des heures et des heures, il me restait toujours de nouveaux sentiments à exprimer.

C'était, sous une forme nouvelle, me refaire à moi-même ma propre biographie, et m'illusionner par la peinture du passé ; c'était me forcer à arrêter mes yeux sur le temps fortuné qui n'était plus. Mais, ô Dieu! combien de fois, après avoir représenté dans un tableau des plus animés un passage du plus beau temps de ma vie ; après avoir enivré mon imagination jusqu'à me figurer que j'étais avec les personnes auxquelles je parlais, je me souvenais tout à coup du présent. Alors la plume me tombait des mains et je frissonnais d'horreur! C'étaient là des moments vraiment épouvantables! Je les avais déjà éprouvés d'autres fois, mais jamais avec des convulsions pareilles à celles qui m'assaillaient alors.

J'attribuais de semblables convulsions et des angoisses si horribles à la trop grande exaltation des sentiments, causée par la forme épistolaire de ces écrits, et par la direction que je leur donnais vers des personnes si chères.

Je voulus faire autrement, et je ne pus pas ; je voulus abandonner au moins la forme épistolaire, je ne le pus pas. Je prenais la plume et je me mettais à écrire, et ce qui en résultait était toujours une lettre pleine de tendresse et de douleur.

« Ne suis-je plus libre de ma volonté? me disais-je. Cette nécessité de faire ce que je ne voudrais pas est-elle un dérangement de mon cerveau? Auparavant, cela ne m'arrivait pas. C'eût été chose explicable dans les premiers temps de ma détention ; mais maintenant que je suis fait à la vie de prison, maintenant que mon imagination devrait s'être calmée sur toute chose, maintenant que je me suis si bien nourri de réflexions philosophiques et religieuses, comment suis-je devenu esclave des aveugles désirs du cœur, et puis-je me livrer à de pareils enfantillages ? Appliquons-nous à autre chose ».

J'essayais alors de prier, ou de me fatiguer par l'étude de la langue allemande. Vains efforts ! Je me surprenais en train d'écrire une autre lettre.

CHAPITRE XLV

Un état semblable était une véritable maladie ; je ne sais si je dois dire une espèce de somnambulisme. C'était, sans aucun doute, l'effet d'une grande fatigue, produite par l'excès de penser et de veiller.

J'allai plus loin. Mes nuits devinrent de continuelles insomnies, la plupart du temps fébriles. En vain je cessai de prendre du café le soir : l'insomnie était la même.

Il me semblait qu'il y avait en moi deux hommes, l'un qui voulait toujours écrire des lettres, et l'autre qui voulait faire autre chose. « Eh bien ! disais-je, transigeons ! écrivons toujours des lettres, mais écrivons-les en allemand ; nous apprendrons ainsi cette langue ».

A partir de ce moment, j'écrivais tout dans un

mauvais allemand. De cette façon je fis au moins quelque progrès dans ce genre d'étude.

Le matin, après une longue veille, mon cerveau épuisé tombait dans une sorte d'assoupissement. Alors je rêvais, ou plutôt je délirais, que je voyais mon père, ma mère ou une autre personne chère se désespérer sur mon sort. Je les entendais pousser les plus déchirants sanglots, et je me levais aussitôt sanglotant et épouvanté.

Quelquefois, dans ces songes très courts, il me semblait entendre ma mère consoler les autres en entrant avec eux dans ma prison, et m'adresser les plus saintes paroles sur le devoir de la résignation ; et, au moment où je me réjouissais le plus de son courage et du courage des autres, elle éclatait à l'improviste en larmes, et tous pleuraient. Personne ne pourrait dire quels étaient alors les déchirements de mon âme.

Pour sortir de tant de misère, j'essayai de ne plus du tout me mettre au lit. Je gardais ma lumière allumée toute la nuit, et je restais à table à lire et à écrire. Mais quoi ? Venait le moment où je lisais tout éveillé, mais sans rien comprendre, et où ma tête ne gouvernait plus pour coordonner mes pensées. Alors je copiais quelque chose, mais je copiais en songeant à tout autre sujet qu'à ce que j'écrivais, en songeant à mes maux.

Et pourtant, si j'allais au lit, c'était pis. Je ne pouvais, étant couché, supporter aucune position ; je m'agitais convulsivement, et il fallait me lever.

Ou bien, si je dormais un peu, ces songes désespérants me faisaient plus de mal que l'insomnie.

Mes prières étaient arides, et néanmoins je les répétais souvent, non pas dans une longue oraison ou d'abondantes paroles, mais en invoquant Dieu ! Dieu uni à l'homme et qui connaît les douleurs humaines !

Pendant ces nuits horribles, mon imagination s'exaltait parfois à un tel point, qu'il me semblait, bien qu'éveillé, entendre dans ma prison tantôt des gémissements, tantôt des rires étouffés. Depuis mon enfance jusqu'à ce jour, je n'avais jamais cru aux sorciers et aux esprits follets, et maintenant ces rires et ces gémissements m'atterraient, et je ne savais comment les expliquer, et j'étais amené forcément à douter si je n'étais pas le jouet de quelque puissance inconnue et malfaisante.

Plus d'une fois je pris en tremblant ma lumière, et regardai s'il y avait sous le lit quelqu'un qui se raillait de moi. Plus d'une fois il me vint à l'esprit qu'on m'avait enlevé de ma première prison et transporté dans celle-là, parce qu'il s'y trouvait quelque trappe, ou, dans les murs, quelque secrète ouverture d'où mes bourreaux épiaient tout ce que je faisais, et se divertissaient cruellement à m'épouvanter.

Quand j'étais assis devant la table, tantôt il me semblait que quelqu'un me tirait par mon vêtement, tantôt qu'on avait donné une poussée à un de mes livres qui tombait à terre, tantôt qu'une personne placée derrière moi soufflait sur ma lumière pour l'éteindre. Alors je bondissais sur pied, je regardais tout autour de moi, je me promenais avec défiance, et je me demandais à moi-même si j'étais fou ou dans mon bon sens. Je ne savais plus, de tout ce que je voyais ou ressentais, ce qui était réalité ou illusion, et je m'écriais avec angoisse :

Deus meus, Deus meus, ut quid dereliquisti me ?

CHAPITRE XLVI

Une fois, m'étant mis au lit un peu avant l'aube, je croyais fermement que j'avais placé mon mouchoir sous l'oreiller. Après un moment d'assoupissement, je me réveillai comme d'ordinaire, et il me sembla qu'on m'étranglait. Je me sentais le cou étroitement serré. Chose étrange ! il était serré par mon mouchoir fortement lié de plusieurs nœuds. J'aurais juré n'avoir pas fait ces nœuds, n'avoir pas touché mon mouchoir depuis que je l'avais mis sous l'oreiller. Il fallait que j'eusse agi en rêvant ou dans le délire, sans en avoir conservé aucun souvenir ; mais je ne pouvais le croire, et depuis lors je passais toutes les nuits dans la crainte d'être étranglé.

Je comprends combien de semblables extravagances doivent paraître ridicules aux autres, mais à moi qui les ai éprouvées, elles me faisaient un tel mal que j'en frémis encore.

Elles se dissipaient chaque matin, et tant que durait la lumière du jour je me sentais l'âme si raffermie contre ces terreurs, qu'il me semblait impossible que je dusse les ressentir jamais plus. Mais au coucher du soleil je commençais à frissonner, et chaque nuit ramenait les grossières extravagances de la précédente.

Plus ma faiblesse dans les ténèbres était grande, plus grands étaient mes efforts pendant le jour, pour me montrer joyeux dans mes entretiens avec mes compagnons, avec les deux enfants de la maison du patriarche, et avec mes geôliers. Personne, en m'entendant plaisanter comme je faisais, ne se serait imaginé la malheureuse infirmité dont je souffrais. J'espérais, grâce à ces efforts, reprendre ma vigueur, et ils ne servaient à rien. Ces apparitions nocturnes, que le jour j'appelais des sottises, redevenaient pour moi, le soir, d'épouvantables réalités.

Si j'avais osé, j'aurais supplié la commission de me changer de chambre, mais je ne sus jamais m'y résoudre, craignant de faire rire.

Ayant vainement essayé de tous les raisonnements, de toutes les résolutions, de toutes les études, de toutes les prières, l'horrible idée que j'étais totalement et pour toujours abandonné de Dieu s'empara de moi.

Tous ces mauvais sophismes contre la Providence qui, dans l'état de raison, me paraissaient quelques semaines auparavant si absurdes, vinrent alors bourdonner brutalement dans ma tête, et me semblèrent mériter mon attention. Je luttai contre cette tentation pendant quelques jours, puis je m'y abandonnai.

Je méconnus la bonté de la religion ; je dis, comme j'avais entendu dire par des athées enragés, et comme naguère me l'écrivait Julien : « La religion ne sert à autre chose qu'à débiliter les esprits ». J'eus l'arrogance de croire qu'en renonçant à Dieu, mon âme reprendrait sa vigueur. Folle confiance ! Je niais Dieu, et je ne savais pas nier les bourreaux invisibles qui semblaient m'entourer et se repaître de mes douleurs.

Comment qualifier ce martyre ? Suffit-il de dire que c'était une maladie ? Ou bien était-ce en même temps un châtiment divin pour abattre mon orgueil, et me faire connaître que, sans une lumière particulière, je pouvais devenir incrédule comme Julien, et plus insensé que lui ?

Quoi qu'il en soit, Dieu me délivra d'un tel mal au moment où je m'y attendais le moins.

Un matin, après avoir pris mon café, survinrent des vomissements violents et des coliques. Je pensai qu'on m'avait empoisonné. Après la fatigue causée par les vomissements, j'étais tout en sueur, et je restai au lit. Vers midi je m'assoupis, et je dormis paisiblement jusqu'au soir.

Je me réveillai, surpris de tant de calme ; et comme il me parut que je n'aurais plus sommeil, je me levai. « En restant levé, dis-je, je serai plus fort contre les terreurs accoutumées ».

Mais les terreurs ne vinrent pas. J'en éprouvai une véritable jubilation, et dans la plénitude de ma reconnaissance, revenant au sentiment de Dieu, je me jetai à terre pour l'adorer, et lui demander pardon de l'avoir renié pendant plusieurs jours. Cette effusion de joie épuisa mes forces, et étant resté quelque temps à genoux, appuyé à une chaise, je fus repris par le sommeil, et je m'endormis dans cette position.

Sur quoi, je ne sais si ce fut au bout d'une ou de plusieurs heures que je m'éveillai à moitié, mais à peine eus-je le temps de me jeter tout vêtu sur mon lit, et je me rendormis jusqu'à l'aurore. Je restai encore toute la journée dans une espèce de somnolence ; le soir, je me couchai promptement, et je dormis la nuit entière. Quelle crise s'était-il opéré en moi ? Je l'ignore, mais j'étais guéri.

CHAPITRE XLVII

Les nausées dont mon estomac souffrait depuis longtemps cessèrent ; mes douleurs de tête cessèrent aussi, et il me vint un appétit extraordinaire. Je digérais parfaitement, et mes forces revenaient. Admirable Providence ! Elle m'avait enlevé mes forces pour m'humilier ; elle me les rendait parce que s'approchait l'époque des sentences, et qu'elle voulait que je ne succombasse pas à leur annonce.

Le 24 novembre, un de nos compagnons, le docteur Foresti, fut enlevé des prisons des Plombs et transporté nous ne savions où. Le geôlier, sa femme et les guichetiers étaient atterrés ; aucun d'eux ne voulait me faire la lumière sur ce mystère.

« Et que veut savoir monsieur, me disait Tremerello, s'il n'y a rien de bon à savoir ? Je lui en ai déjà trop dit, je lui en ai déjà trop dit.

— Allons donc ! à quoi sert de se taire ? criai-je en frissonnant ; n'ai-je pas compris ? Il est donc condamné à mort ?

— Qui ?... lui ?... le docteur Foresti ?... ».

Tremerello hésitait ; mais l'envie de bavarder n'était pas la moindre de ses vertus.

« Que monsieur ne dise pas ensuite que je suis bavard ; je ne voulais seulement pas ouvrir la bouche sur ces choses-là. Que monsieur se souvienne qu'il m'y a contraint.

— Oui, oui, je vous y ai contraint ; mais, allons ! dites-moi tout. Qu'y a-t-il au sujet du pauvre Foresti ?

— Ah ! monsieur, ils lui ont fait passer le pont des Soupirs ! Il est dans les prisons criminelles !

La sentence de mort lui a été lue, à lui et à deux autres.

— Et elle s'exécutera?... quand? Oh! les malheureux ! Et qui sont les deux autres?

— Je n'en sais pas davantage, je n'en sais pas davantage ; les sentences n'ont pas encore été publiées. On dit dans Venise qu'il y aura quelques commutations de peine. Dieu veuille que la condamnation à mort ne soit exécutée pour aucun d'eux ! Dieu veuille que, s'ils ne sont pas tous sauvés de la mort, monsieur au moins le soit! Je lui ai voué une telle affection... qu'il me pardonne ma liberté... comme s'il était mon frère » !

Et il s'en alla tout ému. Le lecteur peut penser dans quelle agitation je me trouvai pendant toute cette journée et la nuit suivante, et pendant tant de jours encore, pendant lesquels je ne pus rien savoir.

Cette incertitude dura un mois ; enfin les sentences relatives au premier procès furent publiées. Elles frappaient un grand nombre de personnes, parmi lesquelles neuf étaient condamnées à mort, et puis, par grâce, au *carcere duro*, les uns pour vingt ans, les autres pour quinze ans (et dans les deux cas ils devaient subir leur peine dans la forteresse du Spielberg, près de la ville de Brünn, en Moravie), d'autres pour dix ans au moins (et alors ils allaient dans la forteresse de Lubiana).

La commutation de peine accordée à tous les accusés du premier procès, était-elle une présomption que la mort serait aussi épargnée à ceux du second? ou bien n'aurait-on usé d'indulgence que pour les premiers, parce qu'ils avaient été arrêtés avant les notifications publiées contre les sociétés secrètes, pour faire retomber toutes les rigueurs sur les seconds?

« La solution de ces doutes ne peut être lointaine, dis-je ; que le Ciel soit béni, car j'ai le temps de prévoir la mort et de m'y préparer ».

CHAPITRE XLVIII

C'était mon unique pensée de mourir chrétiennement et avec le courage nécessaire. J'eus la tentation de me soustraire à l'échafaud par le suicide, mais je réussis à la chasser. « Quel mérite y a-t-il à ne pas se laisser égorger par un bourreau, mais à se faire soi-même, au contraire, son propre bourreau? Pour sauver l'honneur? Et n'est-ce pas un enfantillage de croire qu'il y a plus d'honneur à tromper le bourreau qu'à ne pas le faire, quand après tout il faut mourir »? Lors même que je n'eusse pas été chrétien, le suicide, en y réfléchissant, m'aurait semblé une sotte satisfaction, une inutilité.

« Si le terme de ma vie est venu, allais-je me

disant, ne suis-je pas heureux que ce soit de façon
à me laisser le temps de me recueillir et de puri-
fier ma conscience par des désirs et des repentirs
dignes d'un homme? En jugeant comme le vulgaire, monter à l'échafaud est la plus affreuse des
morts; en jugeant comme un sage, cette mort
n'est-elle pas meilleure que tant d'autres qui arri-
vent par maladie, avec un grand affaiblissement
d'intelligence, qui ne permet plus à l'âme de se
dégager des pensées basses?

La justesse d'un pareil raisonnement pénétra si
fortement mon esprit, que l'horreur de la mort et
de ce genre de mort s'éloignait entièrement de
moi. Je méditai beaucoup sur les sacrements qui
devaient me fortifier dans ce passage solennel, et
il me sembla que j'étais en état de les recevoir avec les dispositions nécessaires pour en
éprouver l'efficacité. Cette hauteur d'âme que je
croyais avoir, cette paix, cette indulgente affection
pour ceux qui me haïssaient, cette joie de pouvoir
sacrifier ma vie à la volonté de Dieu, les aurais-je
conservées si j'avais été conduit au supplice?
Hélas! que l'homme est plein de contradictions,
et comme alors qu'il semble le plus résolu et le
plus saint, il peut tomber en un instant dans la
faiblesse et dans le péché! Serais-je alors mort
avec dignité? Dieu seul le sait. Je ne m'estime pas
assez pour l'affirmer.

Cependant l'approche vraisemblable de la mort
arrêtait tellement mon imagination sur cette idée,

que mourir me paraissait non seulement possible,
mais indiqué par un infaillible pressentiment. Aucune espérance d'échapper à ce destin ne pénétrait
plus dans mon cœur, et à chaque bruit de pas et
de clefs, chaque fois qu'on ouvrait ma porte, je
me disais : « Courage ! Peut-être vient-on me
prendre pour entendre ma sentence. Écoutons-la
avec dignité et avec calme, et bénissons le Seigneur ».

Je méditai ce que je devais écrire pour la dernière fois à ma famille, et particulièrement à mon
père, à ma mère, à chacun de mes frères et à chacune de mes sœurs ; et, roulant dans mon esprit
ces expressions d'une affection si profonde et si
sacrée, je m'attendrissais avec une grande douceur,
et je pleurais, et ces larmes n'énervaient pas ma
volonté résignée.

Comment l'insomnie ne serait-elle pas revenue ?
Mais combien elle était différente de la première !
Je n'entendais ni gémissements, ni rires dans ma
chambre ; je ne rêvais plus ni d'esprits ni d'hommes
cachés. La nuit m'était plus délicieuse que le jour,
parce que je me concentrais davantage dans la
prière. Vers les quatre heures, j'avais l'habitude de
me mettre au lit, et je dormais tranquillement environ deux heures. Une fois réveillé, je restais tard
au lit pour me reposer. Je me levais vers les onze
heures.

Une nuit, je m'étais couché un peu avant mon
heure habituelle, et j'avais dormi à peine un quart

d'heure, quand je me réveillai et aperçus une intense clarté sur le mur en face de moi. Je craignis d'être retombé dans mes anciens délires ; mais ce que je voyais n'était pas une illusion. Cette clarté venait par la petite fenètre au nord, au-dessous de laquelle je couchais.

Je saute à terre, je prends la table, je la mets sur le lit, j'y ajoute une chaise, je monte ; — et je vois un des plus beaux et des plus terribles spectacles de feu que je pusse imaginer.

C'était un grand incendie, à une portée de fusil de nos prisons. Il avait pris dans la maison où se trouvaient les fours publics, et il la consuma.

La nuit était très obscure, et l'on n'en distinguait que mieux ces vastes tourbillons de flammes et de fumée, agités qu'ils étaient par un vent furieux. Les étincelles volaient de toutes parts, et semblaient pleuvoir du ciel. La lagune voisine reflétait l'incendie. Une multitude de gondoles allaient et venaient. Je m'imaginais l'épouvante et le péril de ceux qui habitaient dans la maison incendiée et dans les maisons voisines, et je les plaignais. J'entendais des voix lointaines d'hommes et de femmes qui s'appelaient : « Tonine ! Momolo ! Beppo ! Zanze » ! Oui, le nom de Zanze retentit aussi à mon oreille ! Il y en a des milliers à Venise, et pourtant je craignais que ce ne pût être celle dont la mémoire m'était si douce ! Serait-elle là, cette infortunée, et entourée peut-être par les flammes ? Oh ! si je pouvais m'échapper pour la sauver !

Palpitant, frissonnant, admirant, je restai jusqu'à l'aurore à la fenêtre ; puis je descendis oppressé
par une tristesse mortelle, et me figurant beaucoup
plus de désastres qu'il n'en était arrivé. Tremerello
me dit qu'il n'y avait eu de brûlés que les fours et
les magasins annexes, avec une grande quantité
de sacs de farine.

CHAPITRE XLIX

Mon imagination était encore vivement frappée
d'avoir vu cet incendie, lorsque, quelques nuits
après, — je n'étais pas encore allé au lit et j'étais
à ma table à étudier, et tout transi de froid, —
j'entendis des voix peu éloignées : c'étaient celles
du geôlier, de sa femme, de leurs enfants, des
guichetiers : *« Le feu ! le feu ! ô sainte Vierge ! oh !
nous sommes perdus »* !

Le froid me quitta en un instant ; je me dressai
tout en sueur, et je regardai autour de moi si les
flammes s'apercevaient déjà. On n'en voyait pas.

L'incendie toutefois était dans le palais lui-
même, dans quelques bureaux voisins des prisons.

Un des guichetiers criait. *« Mais, sior patron,
que ferons-nous de tous ces messieurs en cage, si le
feu nous gagne »* ?

Le geôlier répondait : « *Je n'aurai pas le cœur de les laisser brûler ; et pourtant je ne puis pas ouvrir les prisons sans la permission de la commission ; allons, te dis-je, cours demander cette permission. — J'y vais tout de suite, monsieur ; mais la réponse n'arrivera pas à temps, savez-vous* » ?

Et où était cette héroïque résignation que j'étais si sûr de posséder en pensant à la mort ? Pourquoi l'idée de brûler tout vif me donnait-elle la fièvre ? Comme s'il y avait un plus grand plaisir à se laisser serrer la gorge qu'à brûler ? Je pensai à cela, et je rougis de ma peur ; j'étais sur le point de crier au geôlier qu'il m'ouvrit par charité, mais je me retins. Néanmoins j'avais peur.

« Voilà, dis-je, quel sera mon courage, si, une fois échappé au feu, je me vois conduit à la mort ! Je me contiendrai, je cacherai ma lâcheté aux autres, mais je tremblerai. Et pourtant, n'est-ce pas aussi du courage que d'agir comme si l'on n'éprouvait pas de frissons, et de les sentir ? N'y a-t-il pas de la générosité à s'efforcer de donner volontiers ce que l'on regrette de donner ? N'est-ce pas montrer de l'obéissance qu'obéir en répugnant » ?

Le tumulte dans la maison du geôlier était si fort, qu'il indiquait un péril sans cesse croissant. Et le guichetier qui était allé demander la permission de nous retirer de ces lieux ne revenait pas ! Enfin il me sembla entendre sa voix. J'écoutai, et je ne distinguai pas ses paroles. J'attends, j'espère ; c'est en vain ! personne ne vient. Est-il possible qu'on n'ait pas accordé de nous transporter dans un local à l'abri du feu ? Et s'il n'y avait plus moyen de s'échapper ? Et si le geôlier et sa famille tentaient de se sauver eux-mêmes, et que personne ne pensât plus aux pauvres gens *en cage* ?

« Toujours est-il, reprenais-je, que ce n'est pas là de la philosophie, que ce n'est pas là de la religion ! Ne ferais-je pas mieux de m'apprêter à voir les flammes entrer dans ma chambre et me dévorer » ?

Cependant les rumeurs s'éteignaient. Peu à peu je n'entendis plus rien. Était-ce là une preuve que l'incendie avait cessé ? Ou bien tous ceux qui l'avaient pu s'étaient-ils enfuis, et ne restait-il plus là personne que les victimes abandonnées à une mort si cruelle ?

La continuation du silence me calma ; je compris que le feu devait être éteint.

J'allai au lit, et je me reprochai comme une lâcheté l'inquiétude que j'avais soufferte ; et maintenant qu'il ne s'agissait plus d'être brûlé, je regrettai de n'avoir pas été brûlé, plutôt que d'être dans quelques jours tué par les hommes.

Le matin suivant j'appris par Tremerello ce qu'avait été l'incendie, et je ris de la peur qu'il me dit avoir eue, comme si la mienne n'avait pas été égale ou plus grande.

CHAPITRE L

Le 11 février (1822), vers les neuf heures du matin, Tremerello saisit une occasion pour venir me trouver, et, tout agité, me dit :

« Monsieur sait-il que dans l'île de Saint-Michel de Murano, à peu de distance de Venise, il y a une prison où sont peut-être plus de cent Carbonari?

— Vous me l'avez déjà dit d'autres fois. Eh bien !... que voulez-vous dire?... Allons, parlez. Y en a-t-il par hasard de condamnés?

— Précisément.

— Lesquels ?

— Je ne sais pas.

— Mon malheureux Maroncelli y serait-il par hasard?

— Ah! monsieur! je ne sais, je ne sais pas qui il y a ». Et il s'en alla tout troublé, et me regardant d'un air de compassion.

Peu après vient le geôlier, accompagné des guichetiers et d'un homme que je n'avais jamais vu. Le geôlier semblait confus. Le nouveau venu prit la parole.

« Monsieur, la commission a ordonné que vous veniez avec moi.

— Allons, dis-je ; et vous, qui êtes-vous donc ?

— Je suis le geôlier des prisons de Saint-Michel, où monsieur doit être transféré ».

Le geôlier des Plombs consigna à celui-ci mon argent qu'il avait entre ses mains. Je demandai et j'obtins la permission de faire quelque libéralité aux guichetiers. Je mis en ordre mes affaires, je pris la Bible sous le bras, et je partis. En descendant ces escaliers sans fin, Tremerello me serra furtivement la main ; il semblait vouloir me dire : « Infortuné ! tu es perdu ».

Nous sortîmes par une porte qui donnait sur la lagune ; là était une gondole avec deux guichetiers du nouveau geôlier.

J'entrai dans la gondole, et des sentiments opposés m'agitaient : — un certain regret d'abandonner le séjour des Plombs, où j'avais beaucoup souffert, mais où j'avais pourtant aimé, et où j'avais été aimé, — le plaisir de me trouver, après une si longue réclusion, à l'air libre, de voir le ciel, et la ville et les eaux, sans le lugubre encadrement de grilles de fer, — le souvenir de la joyeuse gondole qui, dans des temps meilleurs, me portait à travers cette même lagune, et des gondoles du lac de Côme, de celles du lac Majeur, des barques du Pô, de celles du Rhône et de la Saône !... O riantes années évanouies ! Et qui donc au monde avait été aussi heureux que moi ?

Né des plus tendres parents, dans cette condition qui n'est pas la pauvreté, et qui, en vous rapprochant presque également du pauvre et du riche, vous donne une exacte connaissance des deux états, — condition que je crois la plus avantageuse pour cultiver les sentiments affectueux ; — après une enfance entourée des soins domestiques les plus doux, j'étais allé à Lyon près d'un vieux cousin maternel, très riche et bien digne de ses richesses, où tout ce qui peut enchanter un cœur avide d'élégance et d'amour avait délicieusement occupé la première ferveur de ma jeunesse ; de là, revenu en Italie, et demeurant avec mes parents à Milan, j'avais poursuivi mes études et appris à aimer la société et les livres, ne trouvant que des amis distingués et de séduisants applaudissements. Monti et Foscolo, bien qu'adversaires déclarés, avaient été également bienveillants pour moi. Je m'attachai davantage à ce dernier ; et cet homme si irritable, qui par sa rudesse avait provoqué tant de gens à se désaffectionner de lui, n'était pour moi que douceur et cordialité, et je le révérais tendrement. D'autres littérateurs fort honorables m'aimaient, eux aussi, comme je les aimais moi-même. L'envie ni la calomnie ne m'assaillirent jamais, ou du moins elles provenaient de gens si discrédités, qu'elles ne pouvaient nuire. A la chute du royaume d'Italie, mon père avait reporté son domicile à Turin, avec le reste de la famille, et moi, remettant à plus tard de rejoindre des personnes si chères, j'avais fini par rester à Milan, où j'étais entouré de tant de bonheur, que je ne savais pas me résoudre à la quitter.

Parmi mes autres meilleurs amis, il y en avait trois à Milan qui prédominaient dans mon cœur : D. Pietro Borsieri, monseigneur Louis de Brême et le comte Luigi Porro Lambertenghi. Plus tard, s'y joignit le comte Frédéric Confalonieri. M'étant fait le précepteur des deux enfants de Porro, j'étais pour eux comme un père, et pour leur père comme un frère. Dans cette maison affluait non seulement tout ce que la ville avait de plus cultivé, mais une foule de voyageurs remarquables. Là je connus madame de Staël, Schlegel, Davis, Byron, Hobhouse, Brougham, et un grand nombre d'autres hommes illustres des diverses parties de l'Europe. Oh ! combien la connaissance des hommes de mérite nous réjouit, et est un stimulant pour nous élever l'âme ! Oui, j'étais heureux ! Je n'aurais pas changé mon sort contre celui d'un prince ! — Et d'un sort si joyeux, tomber aux mains de sbires, passer de prison en prison, et finir par être étranglé, ou périr dans les fers !

CHAPITRE LI

En roulant de pareilles pensées, j'arrivai à Saint-Michel, et je fus enfermé dans une chambre qui avait vue sur une cour, sur la lagune et sur la belle île de Murano. Je m'informai de Maroncelli au geôlier, à sa femme, à ses quatre guichetiers. Mais ils me faisaient de courtes visites, étaient pleins de défiance, et ne voulaient rien me dire.

Néanmoins, là où il y a cinq ou six personnes, il est difficile qu'il ne s'en trouve pas une désireuse de compatir et de parler. Je trouvai cette personne, et j'appris ce qui suit :

Maroncelli, après avoir été longtemps seul, avait été mis avec le comte Camille Laderchi. Ce dernier était sorti de prison depuis quelques jours, ayant été reconnu innocent, et le premier se trouvait de nouveau seul. Parmi nos compagnons étaient aussi sortis, comme innocents, le professeur Gian-Domenico Romagnosi et le comte Giovanni Arrivabene. Le capitaine Rezia et M. Canova étaient ensemble. Le professeur Ressi gisait mourant dans une prison voisine de ces deux derniers.

« Pour ceux qui ne sont pas sortis, dis-je, les

condamnations sont donc venues? Et qu'attend-on
pour les faire connaître? Peut-être que le pauvre
Ressi meure, ou soit en état d'entendre sa sentence,
n'est-il pas vrai?

— Je crois que oui ».

Tous les jours, je demandais des nouvelles de
l'infortuné.

« Il a perdu la parole; — il l'a retrouvée, mais
il délire et n'a plus sa connaissance ; — il donne à
peine quelques signes de vie ; — il crache souvent
le sang et a encore le délire ; il va plus mal ; — il
va mieux ; — il est à l'agonie ».

Telles furent les réponses qu'on me donna pendant plusieurs semaines. Enfin, un matin on me
dit : « Il est mort » !

Je versai une larme sur lui, et je me consolai en
pensant qu'il avait ignoré sa condamnation.

Le jour suivant, 21 février (1822), le geôlier vint
me prendre; il était dix heures du matin. Il me
conduisit dans la salle de la commission, et se
retira. Le président, l'inquisiteur et les deux juges
assesseurs étaient assis et se levèrent.

Le président, d'un ton de noble commisération,
me dit que la sentence était arrivée et que le jugement avait été terrible, mais que déjà l'empereur
l'avait mitigé.

L'inquisiteur me lut la sentence : « Condamné
à mort ». Puis il lut le rescrit impérial : « La peine
est commuée en quinze ans de *carcere duro*, à subir
dans la forteresse du Spielberg ».

Je répondis : « Que la volonté de Dieu soit faite » !

Et mon intention était vraiment de recevoir en chrétien cet horrible coup, et de ne montrer ni de nourrir aucun ressentiment contre qui que ce fût.

Le président loua ma tranquillité et me conseilla de la garder toujours, en me disant que de cette tranquillité pouvait résulter peut-être, dans deux ou trois ans, qu'on me jugeât digne d'une plus grande grâce. (Au lieu de deux ou trois ans, ce fut un bien plus grand nombre d'années).

Les autres juges m'adressèrent aussi des paroles courtoises et pleines d'espérance. Mais l'un d'eux, qui pendant le procès m'avait toujours semblé très hostile, me dit une chose en apparence courtoise, mais qui me parut poignante ; et cette courtoisie, je la trouvai démentie par ses regards, dans lesquels j'aurais juré qu'il y avait un sourire de joie et d'insulte.

Aujourd'hui je ne jurerais plus qu'il en fut ainsi ; je peux très bien m'être trompé. Mais alors tout mon sang se troubla, et je me contins pour ne pas éclater de fureur. Je dissimulai, et pendant qu'ils me louaient encore de ma patience chrétienne, je l'avais déjà perdue en secret.

« Demain, dit l'inquisiteur, nous aurons le regret d'être obligé de vous annoncer la sentence en public ; mais c'est une formalité indispensable.

— Soit, dis-je.

— A partir de ce moment, ajouta-t-il, nous vous accordons la compagnie de votre ami ».

Et, ayant appelé le geôlier, ils me consignèrent de nouveau à lui, en lui disant de me mettre avec Maroncelli.

CHAPITRE LII

Quel doux instant ce fut pour mon ami et pour moi de nous revoir, après un an et trois mois de séparation et de si grandes douleurs! Les joies de l'amitié nous firent presque oublier pendant quelques instants notre condamnation.

Je m'arrachai néanmoins promptement de ses bras, pour prendre la plume et écrire à mon père. Je désirais ardemment que la nouvelle de mon triste sort parvînt à ma famille par moi, plutôt que par d'autres, afin que le déchirement de ces cœurs aimés fût tempéré par mon langage de paix et de religion. Les juges me promirent d'expédier sur-le-champ cette lettre.

Après cela, Maroncelli me parla de son procès, et moi du mien; nous nous confiâmes quelques-unes des péripéties de la prison; nous allâmes à la fenêtre, nous saluâmes trois autres amis qui étaient à la leur; deux d'entre eux étaient Canova et Rezia, qui se trouvaient ensemble, le premier condamné à six ans de *carcere duro*, et le second à trois ; le troisième était le docteur César Armari, qui, pendant les mois précédents, avait été mon voisin dans les Plombs. Celui-ci n'avait pas eu de condamnation, et il sortit ensuite déclaré innocent.

Ces conversations avec les uns et avec les autres, furent une agréable distraction pendant tout le jour et toute la soirée. Mais, quand nous fûmes allés au lit, que la lumière fut éteinte et que le silence se fit, il ne me fut pas possible de dormir ; la tête me brûlait, et le cœur me saignait en pensant à mon chez moi ». Mes vieux parents résisteraient-ils à un si grand malheur ; leurs autres enfants suffiraient-ils pour les consoler ? Tous étaient aussi aimés et valaient mieux que moi ; mais un père et une mère trouvent-ils jamais, dans les enfants qui leur restent, une compensation pour celui qu'ils perdent » ?

Si j'avais seulement pensé à mes parents et à quelques autres personnes aimées ! leur souvenir m'affligeait et m'attendrissait. Mais je pensai aussi à ce rire de joie et d'insulte que j'avais cru voir chez ce juge, au procès, au motif des condamnations, aux passions politiques, au sort de tant de mes amis... et je ne sus plus juger avec indulgence aucun de mes adversaires. Dieu me mettait à une grande épreuve ! Mon devoir aurait été de la supporter avec courage. Je ne le pus pas, je ne le voulus pas! La volupté de la haine me plut davantage que celle du pardon ; je passai une nuit d'enfer.

Le matin je ne priai pas. L'univers me paraissait l'œuvre d'une puissance ennemie du bien. D'autres fois déjà j'avais été ainsi calomniateur de Dieu, mais je n'aurais pas cru le redevenir, et le redevenir en quelques heures! Julien, dans ses plus grandes fureurs, ne pouvait être plus impie que moi. En ruminant des pensées de haine, surtout quand on est frappé par une grande infortune, qui devrait au contraire rendre plus religieux, on devient mauvais, quand même on aurait été jusque-là un juste. Oui, quand même on aurait été un juste, parce qu'on ne peut pas haïr sans orgueil. Et qui es-tu, ô misérable mortel, pour prétendre qu'aucun de tes semblables ne te juge pas sévèrement; pour prétendre que personne ne puisse te faire du mal de bonne foi, en croyant agir avec justice? pour te plaindre, si Dieu permet que tu souffres plutôt d'une façon que d'une autre?

Je me sentais malheureux de ne pouvoir prier; mais, où règne l'orgueil, on ne connaît d'autre Dieu que soi-même.

J'aurais voulu recommander à un suprême protecteur mes parents désolés, et je ne croyais plus en lui.

CHAPITRE LIII

A neuf heures du matin, on nous fit entrer,
Maroncelli et moi, dans une gondole, et on nous
conduisit à la ville. Nous abordâmes au palais du
doge, et nous montâmes aux prisons. On nous mit
dans la chambre où peu de jours auparavant était
M. Caporali; j'ignore où celui-ci avait été transféré. Neuf ou dix sbires étaient là pour nous garder, et nous attendions, en nous promenant, le
moment d'être conduits sur la place. L'attente fut
longue. Ce fut seulement à midi que parut l'inquisiteur, pour nous annoncer qu'il fallait partir. Le
médecin se présenta, et nous engagea à boire un
petit verre d'eau de menthe; nous acceptâmes et
nous en fûmes reconnaissants, non pour la chose
en elle-même, mais pour la profonde compassion
que le bon vieillard nous témoignait. C'était le
docteur Dosmo. Le chef des sbires s'avança ensuite,
et nous mit les menottes. Nous le suivîmes, accompagnés des autres sbires.

Nous descendîmes le magnifique escalier *des
Géants*, nous nous rappelâmes le doge Marino
Faliero, décapité en cet endroit; nous entrâmes
sous le grand portail qui, de la cour du palais,
donne sur la *Piazzetta*, et là, nous tournâmes à

gauche du côté de la lagune. Au milieu de la
Piazzetta était l'échafaud où nous devions monter.
De l'escalier *des Géants* jusqu'à cet échafaud, se
tenaient deux haies de soldats allemands; nous
passâmes au milieu d'elles.

Montés sur l'échafaud, nous regardâmes autour
de nous, et nous vîmes la terreur régner sur cette
immense foule. Sur divers points, dans le lointain,
d'autres soldats en armes étaient rangés en bataille. On nous dit qu'il y avait de tous côtés des
canons avec les mèches allumées.

Et c'était cette Piazzetta, où, en septembre 1820,
un mois avant mon arrestation, un mendiant m'a-
vait dit : « C'est ici un endroit de malheur » !

Je me souvins de ce mendiant, et je pensai :
« Qui sait si, parmi tous ces milliers de specta-
teurs, il n'y est pas, lui aussi, et s'il ne me reconnaît pas » ?

Le capitaine allemand nous cria de tourner vers
le palais et de regarder en haut. Nous obéîmes, et
nous vîmes sur la galerie un greffier avec un papier à la main. C'était la sentence. Il la lut d'une
voix haute.

Un profond silence régna jusqu'à l'expression :
condamnés à mort. Alors il s'éleva un murmure
général de compassion. Puis succéda un nouveau
silence pour entendre le reste de la lecture. Un
nouveau murmure s'éleva aux expressions : *condamnés au* carcere duro, *Maroncelli pour vingt ans,
et Pellico pour quinze.*

Le capitaine nous fit signe de descendre. Nous jetâmes encore une fois les regards autour de nous, et nous descendîmes. Nous rentrâmes dans la cour, nous remontâmes le grand escalier, nous revînmes dans la chambre d'où nous avions été amenés ; on nous enleva les menottes, et nous fûmes reconduits à Saint-Michel.

CHAPITRE LIV

Ceux qui avaient été condamnés avant nous, étaient déjà partis pour Lubiana et pour le Spielberg, accompagnés d'un commissaire de police. On attendait maintenant le retour du même commissaire pour nous conduire à notre destination. Cet intervalle dura un mois.

Ma vie consistait alors à causer beaucoup et à entendre causer pour me distraire. En outre, Maroncelli me lisait ses compositions littéraires, et je lui disais les miennes. Un soir je lus, de ma fenêtre, l'*Ester d'Engaddi* à Canova, Rezia et Armari, et le soir suivant, l'*Iginia d'Asti*.

Mais la nuit je frémissais et je pleurais, et je dormais peu ou pas du tout.

Je désirais, et je tremblais en même temps de savoir comment la nouvelle de mon malheur avait été reçue par mes parents.

Enfin vint une lettre de mon père. Quelle fut ma douleur en voyant que la dernière que je lui avais adressée ne lui avait pas été envoyée sur-le-champ, comme j'en avais tant prié l'inquisiteur : L'infortuné père, qui s'était toujours flatté que je sortirais sans condamnation, ayant pris un jour *la Gazette de Milan*, y trouva ma sentence. Il me racontait lui-même ce cruel incident, et me laissait imaginer combien son âme en avait été déchirée.

Oh! comme, au milieu de l'immense pitié que je ressentis pour lui, pour ma mère et pour toute la famille, je fus saisi d'indignation de ce que ma lettre ne lui avait pas été promptement expédiée! Il n'y aura pas eu de mauvaise volonté dans ce retard, mais je la supposai infernale ; je crus y découvrir un raffinement de barbarie, un désir que le châtiment pesât de tout son poids même sur mes parents innocents. J'aurais voulu verser une mer de sang pour punir cette cruauté supposée.

Maintenant que je juge avec calme, je ne la trouve pas vraisemblable. Ce retard ne provint, sans aucun doute, d'autre cause que la négligence.

Furieux comme je l'étais, je frémis en apprenant que mes compagnons se proposaient de faire leurs Pâques avant de partir, et je sentis que je ne devais pas faire les miennes, n'ayant nullement le désir de pardonner. Aurais-je donné ce scandale !

CHAPITRE LV

Le commissaire arriva enfin d'Allemagne et vint nous dire que dans deux jours nous partirions.

« J'ai le plaisir, ajouta-t-il, de pouvoir vous donner une consolation. En revenant du Spielberg, j'ai vu à Vienne Sa Majesté l'empereur, qui m'a dit qu'il voulait que les jours de peine de ces messieurs se composassent non de vingt-quatre heures, mais de douze. Par cette expression, il entend signifier que la peine est réduite de moitié ».

Cette diminution ne nous fut jamais dans la suite annoncée officiellement; mais il n'y avait aucune probabilité que le commissaire mentit, d'autant plus qu'il ne nous donna pas cette nouvelle en secret, mais au su de la commission.

Je ne pus cependant m'en réjouir. Dans ma pensée, sept années et demie de fers n'étaient guère moins horribles que quinze années. Il me semblait impossible de vivre aussi longtemps.

Ma santé était de nouveau très mauvaise. Je souffrais de vives douleurs de poitrine, avec de la toux, et je croyais avoir les poumons attaqués. Je mangeais peu, et ce peu, je ne le digérais pas.

Le départ eut lieu dans la nuit du 25 au 26 mars. Il nous fut permis d'embrasser le docteur César

Armari, notre ami. Un sbire nous enchaîna transversalement de la main droite et du pied gauche, afin qu'il nous fût impossible de fuir. Nous descendîmes en gondole, et les gardes ramèrent vers Fusina.

Arrivés là, nous trouvâmes deux voitures prêtes. Rezia et Canova montèrent dans l'une, Maroncelli et moi dans l'autre. Dans une des voitures était le commissaire avec deux prisonniers, dans l'autre un sous-commissaire avec les deux autres. Le convoi était complété par six ou sept gardes de police armés de fusils et de sabres, distribués partie à l'intérieur des voitures, partie sur le siège du voiturier.

Être contraint par l'infortune à abandonner sa patrie est toujours chose douloureuse ; mais la quitter enchaîné, pour être conduit dans des climats horribles, destiné à languir pendant des années au milieu des bandits, est une chose si déchirante qu'il n'y a pas de termes pour l'exprimer.

Avant de franchir les Alpes, ma nation me devenait d'heure en heure plus chère, étant donnée la pitié que nous témoignaient partout ceux que nous rencontrions. Dans chaque ville, dans chaque village, dans chaque chaumière isolée, la nouvelle de notre condamnation ayant déjà été publiée depuis quelques semaines, nous étions attendus. Dans certains endroits, les commissaires et les gardes s'efforçaient de dissiper la foule qui nous entourait. C'était vraiment admirable de voir le sentiment de bienveillance qui se manifestait à notre égard.

A Udine nous eûmes une émouvante surprise. Arrivés à l'auberge, le commissaire fit fermer la porte de la cour et écarter le peuple. Il nous assigna une chambre, et dit aux garçons de nous apporter à souper et ce qu'il fallait pour dormir. Voici qu'un instant après, entrent trois hommes avec des matelas sur leurs épaules. Quel est notre étonnement en nous apercevant qu'un seul d'entre eux était au service de l'auberge, et que les autres étaient deux de nos connaissances ! Nous feignîmes de les aider à placer les matelas par terre, et nous leur serrâmes furtivement la main. Les larmes débordaient de leurs cœurs et des nôtres. Oh ! combien il nous fut pénible de ne pouvoir les verser entre les bras les uns des autres !

Les commissaires ne s'aperçurent pas de cette scène émouvante, mais je me doutai qu'un des gardes avait pénétré le mystère au moment où le bon Dario me serrait la main. Ce garde était Vénitien. Il nous regarda dans les yeux, Dario et moi, pâlit, parut hésiter pour savoir s'il devait élever la voix, mais il se tut et porta ses regards d'un autre côté, en dissimulant. S'il ne devina pas que ces gens étaient nos amis, il pensa au moins que c'étaient des garçons de notre connaissance.

CHAPITRE LVI

Le matin nous partîmes d'Udine, et l'aube se montrait à peine. Cet affectueux Dario était déjà dans la rue, enveloppé de son manteau. Il nous salua encore, et nous suivit longtemps. Nous vîmes aussi une voiture courir derrière nous pendant deux ou trois milles. Il y avait dedans quelqu'un qui agitait un mouchoir. A la fin, elle s'en retourna. Qui était-ce? nous nous le demandâmes.

Oh! que Dieu bénisse toutes les âmes généreuses qui ne rougissent pas d'aimer les malheureux! Ah! je les apprécie d'autant plus que, pendant mes années de calamité, j'en ai connu de lâches qui m'ont renié, et ont cru tirer avantage des injures qu'elles accumulaient contre moi. Mais ces dernières furent peu nombreuses, et le nombre des premières ne fut pas restreint.

Je me trompais en pensant que cette compassion que nous trouvions en Italie dût cesser lorsque nous serions en terre étrangère. Ah! l'homme bon est toujours le compatriote des infortunés! Quand nous fûmes sur les territoires d'Illyrie et d'Allemagne, il se produisit la même chose que sur les nôtres. La plainte suivante était unanime : *Arme Herren!* (Pauvres messieurs!)

Parfois, en entrant dans un pays, nos voitures étaient obligées de s'arrêter avant qu'on eût décidé où nous irions loger. Alors la population se serrait autour de nous, et nous entendions des paroles de pitié qui jaillissaient vraiment du cœur. La bonté de ces gens m'émouvait plus encore que celle de mes compatriotes. Oh! comme je leur étais reconnaissant à tous! Oh! combien est douce la pitié de nos semblables! Combien il est doux de les aimer!

La consolation que j'en tirais diminuait jusqu'à mes indignations contre ceux que j'appelais mes ennemis.

« Qui sait, pensais-je, si j'avais vu de près leur visage, et s'ils m'avaient vu eux-mêmes; si j'avais pu lire dans leur âme, et eux dans la mienne, qui sait si je n'aurais pas été contraint de confesser qu'il n'y avait aucune scélératesse en eux; et eux qu'il n'y en avait aucune en moi! qui sait si nous n'aurions pas été contraints de nous plaindre mutuellement et de nous aimer »!

Trop souvent, en effet, les hommes s'abhorrent parce qu'ils ne se connaissent pas réciproquement; et s'ils échangeaient ensemble quelques paroles, l'un donnerait avec confiance le bras à l'autre.

Nous nous arrêtâmes un jour à Lubiana, où Canova et Rezia furent séparés de nous et conduits au château; il est facile de s'imaginer combien cette séparation fut douloureuse pour tous les quatre.

Le soir de notre arrivée à Lubiana et le jour sui-

vant, un monsieur qu'on nous dit être, si j'ai bien
entendu, un secrétaire municipal, vint nous faire
une courtoise visite. Il était très humain et parlait
affectueusement et dignement de religion. Je le
soupçonnai d'être un prêtre : les prêtres en Allemagne ont l'habitude de se vêtir absolument
comme les séculiers. C'était une de ces physionomies sincères qui inspirent l'estime ; je regrettai
de ne pouvoir faire plus longue connaissance avec
lui, et je m'en veux d'avoir eu l'étourderie d'oublier son nom.

Combien il me serait doux aussi de savoir ton
nom, ô jeune fille qui, dans un village de la Styrie,
nous suivis au milieu de la foule, et puis, quand
notre voiture dut s'arrêter quelques minutes, nous
saluas des deux mains, et t'éloignas ensuite ton
mouchoir sur les yeux, appuyée au bras d'un
jeune garçon à l'air triste, que ses cheveux très
blonds indiquaient comme devant être Allemand,
mais qui avait peut-être été en Italie et s'était pris
d'amour pour notre malheureuse nation !

Combien il me serait doux de savoir le nom de
chacun de vous, ô vénérables pères et mères de
famille qui, en divers lieux, nous accostiez pour
nous demander si nous avions des parents, et qui,
en apprenant que oui, pâlissiez en vous écriant :

« Oh ! que Dieu vous rende bien vite à ces malheureux vieillards » !

CHAPITRE LVII

Nous arrivâmes au lieu de notre destination le 10 avril.

La ville de Brünn est la capitale de la Moravie, et c'est là que réside le gouverneur des deux provinces de Moravie et de Silésie. Elle est située dans une vallée riante, et a un certain air de richesse. De nombreuses manufactures de drap y prospéraient alors, qui sont tombées depuis ; la population était d'environ trente mille âmes.

Près de ses murs, au couchant, s'élève un monticule, et sur celui-ci le lugubre château de Spielberg, autrefois résidence des seigneurs de Moravie, aujourd'hui la plus sévère prison de la monarchie autrichienne. C'était une citadelle très forte, mais les Français la bombardèrent et la prirent, à l'époque de la fameuse bataille d'Austerlitz (le village d'Austerlitz est à peu de distance). Elle ne fut plus réparée de façon à pouvoir servir de forteresse, mais on refit une partie de son enceinte qui était écroulée. Environ trois cents condamnés, pour la plupart voleurs et assassins, y sont gardés, les uns soumis au *carcere duro*, les autres au *carcere durissimo*.

Le *carece duro* signifie qu'on est obligé au travail, à porter la chaine aux pieds, à dormir sur des planches nues, et à manger la plus pauvre nourriture qu'on puisse imaginer. Le *durissimo* signifie qu'on sera enchaîné plus horriblement encore, avec un cercle de fer autour de la ceinture, et la chaine rivée au mur au-dessus de la planche qui sert de lit; la nourriture est la même quoique la loi dise : *le pain et l'eau*.

Nous, prisonniers d'État, nous étions condamnés au *carcere duro*.

En montant la pente de ce monticule, nous tournions les yeux derrière nous, pour dire adieu au monde, incertains si l'abîme qui nous engloutissait se rouvrirait pour nous. J'étais calme à l'extérieur, mais je rugissais au dedans de moi. En vain je voulais recourir à la philosophie pour m'apaiser; la philosophie n'avait pas des raisons suffisantes pour moi.

Parti de Venise en mauvaise santé, le voyage m'avait horriblement fatigué. La tête et tout le corps me faisaient mal; la fièvre me brûlait. Le mal physique contribuait à me tenir furieux, et probablement cette fureur aggravait le mal physique.

Nous fûmes consignés au surintendant du Spielberg, et nos noms furent inscrits par lui au milieu des noms des voleurs. Le commissaire impérial nous embrassa en repartant, et était tout attendri. « Je recommande tout particulièrement la docilité à ces messieurs, nous dit-il; la plus petite infrac-

tion à la discipline peut être punie par monsieur
le surintendant de peines sévères ».

La consigne faite, Maroncelli et moi nous fûmes
conduits dans un corridor souterrain où s'apercevaient deux chambres obscures non contiguës.
Chacun de nous fut enfermé dans sa tanière.

CHAPITRE LVIII

C'est une chose très cruelle, après avoir déjà
dit adieu à tant d'objets, et lorsqu'on n'est plus
que deux amis également malheureux, ah! oui,
c'est chose très cruelle que d'être séparés l'un de
l'autre. Maroncelli, en me quittant, me voyait malade, et plaignait en moi un homme qu'il ne rever-
rait probablement plus jamais; moi, je plaignais
en lui une fleur splendide de santé, ravie peut-être
pour toujours à la lumière vitale du soleil. Et cette
fleur, en effet, comme elle se flétrit! Elle revit un
jour la lumière; mais, hélas! dans quel état!

Lorsque je me trouvai seul dans cet antre horrible, et que j'entendis fermer les verrous, et que
je distinguai, à la lueur qui descendait d'une étroite
ouverture, la planche nue qu'on m'avait donnée
pour lit et une énorme chaîne dans le mur, je
m'assis en frémissant sur ce lit et je pris cette

chaine. J'en mesurai la longueur, pensant qu'elle m'était destinée.

Une demi-heure après, voici grincer les clefs ; la porte s'ouvre. Le geôlier en chef m'apportait un broc d'eau.

« Ceci est pour boire, dit-il d'une voix bourrue, et demain matin j'apporterai le pain.

— Merci, bon homme.

— Je ne suis pas bon, reprit-il.

— Tant pis pour vous, lui dis-je indigné. Et cette chaine, ajoutai-je, elle est sans doute pour moi ?

— Oui, monsieur, si par hasard vous n'étiez pas tranquille, si vous deveniez furieux, ou si vous disiez des insolences. Mais si monsieur est raisonnable, nous ne lui mettrons pas autre chose qu'une chaine aux pieds. Le serrurier est en train de la préparer ».

Il se promenait lentement çà et là, agitant cet affreux trousseau de grosses clefs, et moi je considérais d'un œil irrité sa gigantesque, maigre et vieille personne ; et, bien que les traits de son visage ne fussent pas vulgaires, tout en lui me semblait l'expression la plus odieuse d'une brutale rigueur.

Oh ! comme les hommes sont injustes en jugeant sur l'apparence et d'après leurs orgueilleuses préventions ! Celui que je me figurais voir agiter joyeusement ses clefs pour me faire sentir son triste pouvoir, celui que je croyais devenu impudent par une longue habitude d'être cruel, roulait des pensées de compassion, et ne parlait certainement ainsi et avec cet accent bourru que pour cacher ce sentiment. Il aurait voulu le cacher afin de ne point paraître faible, et par crainte que je n'en fusse pas digne; mais en même temps, supposant que j'étais peut-être plus malheureux que méchant, il aurait désiré me le faire connaître.

Ennuyé de sa présence, et plus encore de son air protecteur, je jugeai opportun de l'humilier en lui disant impérativement, comme à un domestique : « Donnez-moi à boire ».

Il me regarda, et son air semblait dire : « Arrogant! ici il faut se déshabituer de commander ».

Mais il se tut; il inclina sa grande taille, prit à terre le broc et me le présenta. Je m'aperçus en le prenant qu'il tremblait, et, attribuant ce tremblement à sa vieillesse, un mélange de pitié et de respect tempéra mon orgueil.

« Quel âge avez-vous? lui dis-je d'une voix bienveillante.

— Soixante-quatorze ans, monsieur : j'ai déjà vu bien des infortunes pour moi et pour les autres ».

Cette allusion à ses infortunes et à celles des autres fut accompagnée d'un nouveau tremblement dans le geste qu'il fit pour reprendre le broc; et je soupçonnai qu'il n'était pas seulement l'effet de l'âge, mais d'un certain trouble honorable. Un semblable doute chassa de mon âme la haine que son premier aspect y avait imprimée.

« Comment vous appelez-vous? lui dis-je.

— La fortune, monsieur, s'est moquée de moi en me donnant le nom d'un grand homme. Je m'appelle Schiller ».

Puis, en quelques mots, il me raconta quel était son pays, son origine; quelles guerres il avait vues et les blessures qu'il en avait rapportées.

Il était Suisse, d'une famille de paysans. Il avait combattu contre les Turcs sous le général Laudon, au temps de Marie-Thérèse et de Joseph II; puis dans toutes les guerres de l'Autriche contre la France, jusqu'à la chute de Napoléon.

CHAPITRE LIX

Quand, à propos d'un homme que nous avions tout d'abord jugé méchant, nous concevons une meilleure opinion, alors, en observant son visage, sa voix, ses manières, il nous semble y découvrir des signes évidents d'honnêteté. Cette découverte est-elle une réalité? Je la soupçonne d'être une illusion. Ce même visage, cette même voix, ces mêmes manières, nous paraissaient naguère des signes évidents de friponnerie. Notre jugement sur les qualités morales ayant changé, aussitôt les conclusions de notre science physionomique changent aussi. Combien de visages vénérons-nous, parce

que nous savons qu'ils appartiennent à des hommes
de valeur, qui ne nous sembleraient nullement
propres à inspirer le respect, s'ils avaient appar-
tenu à d'autres mortels, et *vice versâ!* J'ai bien ri
une fois d'une dame qui, en voyant un portrait de
Catilina et le confondant avec Collatin, croyait y
découvrir la sublime douleur de Collatin à la mort
de Lucrèce. Et pourtant de semblables illusions
sont communes.

Non qu'il n'y ait des figures de gens de bien
qui portent réellement empreint le caractère de la
bonté, et qu'il n'y ait des figures de scélérats qui
portent très bien celui de la scélératesse; mais je
soutiens qu'il y en a beaucoup dont l'expression
est douteuse.

En somme, le vieux Schiller étant un peu rentré
en grâce près de moi, je le regardai plus attentive-
ment que dans le commencement, et il cessa de
me déplaire. A dire vrai, dans son langage, au
milieu d'une certaine rudesse, il y avait quelques
traits d'une âme noble.

« Caporal comme je suis, disait-il, il m'est échu
pour lieu de retraite le triste office de geôlier; et
Dieu sait s'il ne m'en coûte pas plus de regrets que
de risquer ma vie dans une bataille ».

Je me repentis de lui avoir un instant auparavant demandé à boire avec hauteur. « Mon cher
Schiller, lui dis-je en lui serrant la main, vous le
niez en vain, je vois que vous êtes bon, et puisque
je suis tombé dans une telle adversité, je rends

grâces au Ciel de ce qu'il vous a donné à moi pour gardien ».

Il écouta mes paroles, secoua la tête, puis répondit en se frottant le front, comme un homme qui a une pensée pénible :

— « Je suis méchant, monsieur ; on m'a fait prêter un serment auquel je ne manquerai jamais. Je suis obligé de traiter tous les prisonniers sans égard pour leur condition, sans indulgence, sans concession d'abus, et surtout les prisonniers d'État. L'empereur sait ce qu'il fait ; moi, je dois lui obéir.

— Vous êtes un brave homme, et je respecterai ce que vous regardez comme un devoir de conscience. Celui qui agit dans la sincérité de sa conscience peut se tromper, mais il est pur devant Dieu.

— Pauvre monsieur ! ayez patience, et plaignez-moi. Je serai ferme dans mes devoirs, mais le cœur... le cœur est plein de regrets de ne pouvoir soulager les malheureux. Voilà la chose que je voulais dire à monsieur ».

Nous étions émus tous les deux. Il me supplia d'être calme, de ne pas me mettre en fureur, comme font souvent les condamnés ; de ne pas le contraindre à me traiter durement.

Il prit ensuite un accent rude, comme pour me cacher une partie de sa pitié, et dit :

« Maintenant il faut que je m'en aille ».

Puis il revint sur ses pas, me demandant depuis combien de temps je toussais d'une façon si misérable, et il laissa échapper une grosse malédiction contre le médecin, parce qu'il n'était pas venu le soir même me visiter.

« Monsieur a une fièvre de cheval, ajouta-t-il ; je m'y connais. Il aurait au moins besoin d'une paillasse, mais tant que le médecin ne l'a pas ordonné, nous ne pouvons pas la lui donner ».

Il sortit, referma la porte, et moi je m'étendis sur les dures planches, en proie à la fièvre et avec une forte douleur à la poitrine, mais moins exaspéré, moins ennemi des hommes, moins éloigné de Dieu.

CHAPITRE LX

Le soir, vint le surintendant, accompagné de Schiller, d'un autre caporal et de deux soldats, pour faire une perquisition.

Trois perquisitions quotidiennes étaient prescrites : une le matin, une le soir, une à minuit. On visitait tous les coins de la prison, jusqu'aux moindres choses, puis les inférieurs sortaient et le surintendant (qui le matin et le soir ne manquait jamais) s'arrêtait à causer un peu avec moi.

La première fois que je vis cette escouade, il me vint une étrange pensée. Comme j'ignorais encore ces usages importuns, et que j'avais le délire de la fièvre, je m'imaginai qu'ils venaient pour me tuer.

et je saisis la longue chaîne qui était à côté de moi, pour casser la tête au premier qui s'approcherait.

« Que faites-vous ? dit le surintendant. Nous ne venons vous faire aucun mal. C'est une visite de formalité pour toutes les prisons, afin de s'assurer qu'il ne s'y passe rien d'irrégulier ».

J'hésitais ; mais quand je vis Schiller s'avancer vers moi et me tendre amicalement la main, son air paternel m'inspira confiance ; je laissai retomber la chaîne, et je pris cette main dans les miennes.

« Oh ! comme il est brûlant ! dit-il au surintendant ; si on pouvait au moins lui donner une paillasse ! »

Il prononça ces mots avec une expression de cordialité si vraie et si affectueuse que j'en fus attendri.

Le surintendant me tâta le pouls et me plaignit : c'était un homme de nobles manières, mais il n'osait prendre sur lui aucune décision.

« Ici tout est rigueur, même pour moi, dit-il. Si je ne suis pas à la lettre ce qui est prescrit, je risque d'être destitué de mon emploi ».

Schiller allongeait les lèvres et j'aurais parié qu'il pensait en lui-même : « Si j'étais surintendant, je ne pousserais pas la peur jusque-là ; du reste, prendre une décision si bien justifiée par la nécessité, et si peu nuisible à la monarchie, ne pourrait jamais être considéré comme une grande faute ».

Quand je fus seul, mon cœur, depuis quelque temps incapable d'un profond sentiment religieux, s'attendrit, et je priai. C'était une prière de bénédictions sur la tête de Schiller ; et j'ajoutais en m'adressant à Dieu : « Fais que je puisse discerner au moins dans les autres quelque don qui me permette de m'affectionner à eux ; j'accepte tous les tourments de la prison, mais, hélas! que je puisse aimer ! hélas ! délivre-moi du tourment de haïr mes semblables ».

A minuit j'entendis de nombreux pas dans le corridor. Les clefs grincent, la porte s'ouvre. C'est le caporal avec deux gardiens, pour la visite.

« Où est mon vieux Schiller » ? dis-je avec empressement. Il s'était arrêté dans le corridor.

« Je suis là, je suis là », répondit-il.

Et s'étant approché de mon banc, il me tâta de nouveau le pouls, se baissant avec inquiétude pour me regarder, comme un père sur le lit de son enfant malade.

« Et, maintenant que je m'en souviens, c'est demain jeudi ! murmurait-il ; ce n'est vraiment que jeudi !

— Et que voulez-vous dire par là?

— Que le médecin ne vient d'habitude que le matin du lundi, du mercredi et du vendredi, et que demain par conséquent il ne viendra pas.

— Ne vous inquiétez pas de cela.

— Que je ne m'inquiète pas, que je ne m'inquiète pas ! Dans toute la ville on ne parle pas d'autre chose que de l'arrivée de ces messieurs ; le médecin ne peut l'ignorer. Pourquoi diable n'at-il pas fait l'effort extraordinaire de venir une fois de plus?

— Qui sait s'il ne viendra pas demain, bien que ce soit jeudi » ?

Le vieillard ne dit pas autre chose ; mais il me serra la main avec une force bestiale, et presque à m'estropier. Bien qu'il m'eût fait mal, j'en éprouvai du plaisir, comme le plaisir qu'éprouve un amoureux, s'il arrive que sa bien-aimée, en dansant, lui marche sur le pied : il crierait quasi de douleur, mais, au contraire, il lui sourit et s'estime heureux.

CHAPITRE LXI

Le matin du jeudi, après une très mauvaise nuit, affaibli, les os brisés par les planches, je fus pris d'une abondante sueur. Vint la visite. Le surintendant n'y était pas ; comme cette heure lui était incommode, il venait un peu plus tard.

Je dis à Schiller : « Voyez comme je suis trempé de sueur ; mais déjà elle se refroidit sur mon corps ; j'aurais besoin de changer tout de suite de chemise.

—Cela ne se peut pas » ! cria-t-il d'un ton brutal.

Mais il me fit secrètement signe des yeux et de

la main. Dès que le caporal et les gardiens furent sortis, il me fit signe de nouveau en fermant la porte.

Peu après, il reparut, m'apportant une de ses chemises, longue deux fois comme ma personne.

« Pour monsieur, dit-il, elle est un peu longue, mais je n'en ai pas d'autres ici maintenant.

— Je vous remercie, mon ami; mais, comme j'ai apporté au Spielberg une malle pleine de linge, j'espère qu'on ne me refusera pas l'usage de mes chemises. Ayez la complaisance d'aller chez le surintendant demander une de celles-là.

— Monsieur, il n'est pas permis de vous laisser quoi que ce soit de votre linge. Chaque samedi on vous donnera une chemise de la maison, comme aux autres condamnés.

— Honnête vieillard, dis-je, vous voyez dans quel état je suis; il est peu vraisemblable que je sorte vivant d'ici; je ne pourrai jamais vous récompenser de rien.

— Allons donc! monsieur, s'écria-t-il, allons donc! parler de récompense à qui ne peut rendre de services! à qui peut à peine prêter furtivement à un malade de quoi essuyer son corps ruisselant de sueur » !

Et, m'ayant jeté brusquement sur le dos sa longue chemise, il s'en alla en grommelant, et ferma la porte avec un bruit d'enragé.

Environ deux heures plus tard, il m'apporta un morceau de pain noir.

« Ceci, dit-il, c'est la portion pour deux jours ».

Puis il se mit à se promener tout frémissant.

« Qu'avez-vous? lui dis-je, vous êtes en colère contre moi; j'ai pourtant accepté la chemise que vous m'avez offerte.

— Je suis en colère contre le médecin, lequel, bien que ce soit aujourd'hui jeudi, aurait pu daigner venir !

— Patience »! dis-je.

Je disais : « Patience »! mais je ne trouvais pas moyen de me coucher sur les planches sans même avoir un oreiller; tous mes os étaient endoloris.

Vers les onze heures, le dîner me fut apporté par un condamné accompagné par Schiller. Le dîner se composait de deux petits plats de fer, dont l'un contenait une affreuse soupe, l'autre des légumes accommodés avec une sauce telle que la seule odeur mettait en dégoût.

J'essayai d'avaler quelques cuillerées de soupe; cela ne me fut pas possible.

Schiller me répétait : « Que monsieur prenne courage; qu'il essaye de s'accoutumer à ces aliments; autrement il lui arrivera ce qui est déjà arrivé à d'autres, de ne pas manger, sinon un peu de pain, et de mourir ensuite de langueur ».

Le vendredi matin, vint enfin le docteur Bayer. Il me trouva de la fièvre, m'ordonna une paillasse, et insista pour que je fusse extrait de ce souterrain et transporté à l'étage supérieur. Cela ne se pouvait pas, il n'y avait pas de place. Mais un rapport ayant été fait au comte Mitrowski, gouverneur des deux provinces de Moravie et de Silésie, en résidence à Brünn, ce dernier répondit qu'en présence de la gravité de mon mal, l'avis du médecin fût exécuté.

Dans la chambre qu'on me donna, pénétrait un peu de lumière, et, en me cramponnant aux barreaux de l'étroite fenêtre, je voyais la vallée au-dessous de moi, une partie de la ville de Brünn, un faubourg avec de nombreux jardins, le cimetière, le petit lac de la Chartreuse, et les collines boisées qui nous séparaient des fameux champs d'Austerlitz.

Cette vue m'enchantait. Oh! combien j'aurais été heureux si j'avais pu la partager avec Maroncelli!

CHAPITRE LXII

En attendant, on nous faisait nos vêtements de prisonnier. Au bout de cinq jours, on m'apporta le mien.

Il consistait en une paire de pantalons de grossière étoffe, le côté droit de couleur grise, et le côté gauche de couleur capucine; d'un justaucorps de deux couleurs disposées de même, et d'un petit pourpoint de deux couleurs pareilles, mais placées en sens contraire, c'est-à-dire la couleur capucine à droite et la grise à gauche. Les bas étaient de grosse laine ; la chemise de toile d'étoupes pleine de piquants douloureux, — un véritable cilice : au cou, une petite pièce de toile pareille à celle de la chemise. Les souliers étaient en cuir écru, avec des lacets. Le chapeau était blanc.

Les fers aux pieds complétaient cet uniforme, c'est-à-dire une chaîne allant d'une jambe à l'autre, et dont les fers avaient été fermés avec des clous rivés sur une enclume. Le serrurier qui me fit cette opération dit à un des gardiens, croyant que je ne comprenais pas l'allemand : « Malade comme il est, on pouvait lui épargner cette mauvaise plaisanterie ; il ne se passera pas deux mois sans que l'ange de la mort vienne le délivrer.

— *Mochte es sein!* (si cela pouvait être!) » lui dis-je en lui frappant avec la main sur l'épaule.

Le pauvre homme tressaillit, devint tout confus, et puis me dit :

« J'espère que je ne serai pas prophète, et je désire que monsieur soit délivré par un tout autre ange.

— Plutôt que vivre ainsi, ne vous semble-t-il pas, lui répondis-je, que l'ange de la mort lui-même serait le bienvenu » ?

Il fit signe que oui de la tête, et s'en alla plein de compassion pour moi.

J'aurais vraiment volontiers cessé de vivre, mais

je n'étais pas tenté par le suicide. J'avais la conviction que la faiblesse de mes poumons était déjà assez prononcée pour m'enlever promptement. Cela ne plut pas à Dieu. La fatigue du voyage m'avait fait beaucoup de mal; le repos m'apporta quelque soulagement.

Un instant après que le serrurier fut sorti, j'entendis résonner le marteau sur l'enclume dans le souterrain. Schiller était encore dans ma chambre.

« Entendez ces coups? lui dis-je. Certainement on met les fers au pauvre Maroncelli ».

En disant ces mots, mon cœur se serra tellement que je vacillai, et si le bon vieillard ne m'avait pas soutenu, je serais tombé. Je restai plus d'une demi-heure dans un état qui ressemblait à l'évanouissement, et pourtant ce n'en était pas. Je ne pouvais parler; mon pouls battait à peine, une sueur froide m'inondait des pieds à la tête, et nonobstant j'entendais toutes les paroles de Schiller, et j'avais très vives la souvenance du passé et la connaissance du présent.

Les recommandations du surintendant et la vigilance des gardiens avaient maintenu jusqu'alors le silence dans toutes les prisons voisines. Trois ou quatre fois j'avais entendu entonner quelque cantilène italienne, mais elle avait été aussitôt interrompue par les cris des sentinelles. Nous en avions plusieurs sur le terre-plein situé au-dessous de nos fenêtres, et une dans notre corridor même, laquelle allait sans cesse mettant son oreille aux portes et regardant par les guichets, afin d'empêcher les rumeurs.

Un jour, vers le soir (toutes les fois que j'y pense, je sens renouveler les palpitations qui m'agitèrent alors), les sentinelles, par un heureux hasard, furent moins attentives, et j'entendis se développer et se poursuivre, d'une voix un peu couverte mais claire, une chanson dans la prison contiguë à la mienne.

Oh! quelle joie, quelle commotion m'envahit!

Je me levai de dessus ma paillasse, je tendis l'oreille, et, quand la voix se tut, j'éclatai en irrésistibles sanglots.

« Qui es-tu, infortuné? criai-je. Qui es-tu? dis-moi ton nom. Moi, je suis Silvio Pellico.

— O Silvio! cria le voisin; je ne te connais pas personnellement, mais je t'aime depuis longtemps. Approche-toi de la fenêtre et parlons-nous en dépit des sbires ».

Je me cramponnai à la fenêtre; il me dit son nom, et nous échangeâmes quelques paroles de tendresse.

C'était le comte Antonio Oroboni, natif de Fratta près de Rovigo, jeune homme de vingt-neuf ans.

Hélas! nous fûmes bien vite interrompus par les cris menaçants des sentinelles! Celle du corridor frappait fortement avec la crosse de son fusil, tantôt à la porte d'Oroboni, tantôt à la mienne. Nous ne voulions pas, nous ne pouvions pas obéir; mais pourtant les malédictions de ces gardes étaient telles que nous cessâmes, après être convenus de recommencer quand les sentinelles seraient changées.

CHAPITRE LXIII

Nous espérions, — et cela arriva en effet, — qu'en parlant plus bas nous pourrions nous entendre, et qu'il se rencontrerait quelquefois des sentinelles compatissantes, qui feraient semblant de ne pas s'apercevoir de notre bavardage. A force d'expériences, nous apprîmes un moyen d'émettre si faiblement la voix que, tout en étant suffisante pour nos oreilles, elle n'arrivait pas aux oreilles des autres, ou pouvait être dissimulée. Il arrivait bien de temps en temps que nous avions des écouteurs à l'oreille plus fine, ou que nous oubliions d'étouffer notre voix. Alors recommençaient à nous poursuivre les cris et les coups à nos portes, et, ce qui était pis, la colère du pauvre Schiller et du surintendant.

Peu à peu nous perfectionnâmes toutes les précautions, c'est-à-dire que nous eûmes soin de causer pendant certains quarts d'heure plutôt que

pendant certains autres, quand il y avait certains
gardes plutôt que d'autres, et toujours à voix très
modérée. Soit excellence de notre art, soit chez
les autres une habitude de condescendance qui se
formait peu à peu, nous finîmes par pouvoir causer
chaque jour beaucoup, sans qu'aucun supérieur
eût presque plus jamais à nous réprimander.

Nous nous liâmes d'une tendre amitié. Il me
raconta sa vie, je lui racontai la mienne. Les angoisses et les consolations de l'un devenaient les
angoisses et les consolations de l'autre. Oh! de
quels encouragements mutuels ne nous étions-nous
pas! Combien de fois, après une nuit d'insomnie,
chacun de nous en allant le matin à la fenêtre, en
saluant son ami et en écoutant sa voix si chère,
sentait dans son cœur s'adoucir la tristesse et re-
doubler son courage! Chacun était persuadé d'être
utile à l'autre, et cette certitude éveillait une
douce émulation d'aménité dans les pensées, et ce
contentement qu'éprouve l'homme, même au sein
de la misère, quand il peut soulager son semblable.

Chacun de nos entretiens nous laissait le besoin
de le continuer, de le faire suivre d'éclaircisse-
ments; c'était un stimulant vivace, continuel, pour
l'intelligence, pour la mémoire, pour l'imagination, pour le cœur.

Dans le principe, me souvenant de Julien, je
me défiais de la constance de ce nouvel ami. Je
pensais : « Jusqu'à présent, il ne nous est pas
arrivé de nous trouver en désaccord; d'un jour à

l'autre, je puis lui déplaire en quelque chose, et alors il m'enverra promener ».

Ce soupçon cessa bien vite. Nos opinions concordaient sur tous les points essentiels, si ce n'est qu'à une âme noble, brûlante de sentiments généreux, indomptée par le malheur, il unissait la foi la plus candide et la plus entière dans le christianisme, tandis que depuis quelque temps cette foi vacillait en moi, et parfois me semblait pour toujours éteinte.

Il combattait mes doutes par des réflexions très justes, et avec une grande affection. Je sentais qu'il avait raison, et j'en convenais avec lui, mais les doutes revenaient. Il en arrive ainsi à tous ceux qui n'ont pas l'Évangile dans le cœur, à tous ceux qui haïssent les autres, et s'enorgueillissent d'eux-mêmes. L'esprit voit un instant le vrai, mais comme le vrai ne lui plaît pas, il n'y croit plus l'instant d'après, et s'efforce de regarder ailleurs.

Oroboni était très habile à tourner mon attention sur les raisons qu'a l'homme d'être indulgent envers ses ennemis. Je ne lui parlais jamais des personnes que j'abhorrais qu'il ne se mît adroitement à les défendre, et non seulement par des paroles, mais encore par des exemples. Certaines gens lui avaient nui. Il en gémissait, mais il pardonnait à tous, et s'il pouvait me raconter quelque trait louable de quelqu'un d'entre eux, il le faisait volontiers.

L'irritation qui me dominait, et qui m'avait

rendu irréligieux depuis ma condamnation jusqu'à ce jour, dura encore quelques semaines ; puis
elle cessa tout à fait. La vertu d'Oroboni m'avait
charmé. En m'efforçant d'y atteindre, je me mis
au moins sur ses traces. Alors je pus de nouveau
prier sincèrement pour tous et ne plus haïr personne ; les doutes sur la foi disparurent : *Ubi cha-
ritas et amor, Deus ibi est.*

CHAPITRE LXIV

Pour dire vrai, si la peine était on ne peut plus
sévère et de nature à irriter, nous avions en même
temps la rare fortune que tous ceux que nous
voyions fussent des hommes bons. Ils ne pouvaient
pas alléger notre situation, si ce n'est par leurs
manières bienveillantes et respectueuses ; mais
tous en usèrent ainsi pour nous. S'il y avait quelque rudesse dans le vieux Schiller, combien
n'était-elle pas compensée par la noblesse de son
cœur ! jusqu'au pauvre Kunda (ce condamné qui
nous apportait le dîner et de l'eau trois fois par
jour) qui voulait que nous nous aperçussions de sa
compassion pour nous. Il balayait notre chambre
deux fois par semaine. Un matin, en balayant, il
choisit le moment où Schiller s'était éloigné de
deux pas de la porte, et m'offrit un morceau de

pain blanc. Je ne l'acceptai pas, mais je lui serrai cordialement la main. Cette poignée de main l'émut. Il me dit en mauvais allemand (il était Polonais) : « Monsieur, on vous donne maintenant si peu à manger que vous devez sûrement souffrir de la faim ».

Je lui affirmai que non, mais j'affirmais l'incroyable.

Le médecin, voyant qu'aucun de nous ne pouvait manger l'espèce d'aliments qu'on nous avait donnés dans les premiers jours, nous mit tous à ce qu'on appelle *quart de portion*, c'est-à-dire au régime de l'hôpital. C'étaient trois soupes très légères par jour, un peu de rôti d'agneau qu'on aurait pu avaler en une bouchée, et environ trois onces de pain blanc. Comme ma santé devenait meilleure, mon appétit croissait, et ce quart était vraiment trop peu. J'essayai de revenir à la nourriture de ceux qui étaient bien portants ; mais il n'y avait rien à y gagner, car elle me dégoûtait tellement que je ne pouvais la manger. Il fallut absolument m'en tenir au *quart*. Pendant plus d'une année, je connus ce qu'est le tourment de la faim. Et ce tourment se fit sentir avec encore plus de véhémence à quelques-uns de mes compagnons qui, plus robustes que moi, étaient habitués à se nourrir plus abondamment. J'ai su de plusieurs d'entre eux, qu'ils acceptèrent du pain de Schiller et des deux autres gardiens attachés à notre service, et enfin de ce brave homme de Kunda.

« On dit par la ville qu'on donne peu à manger
à ces messieurs, me dit une fois le barbier, un
jeune praticien adjoint à notre chirurgien.

— C'est très vrai », répondis-je ingénument.

Le samedi suivant (il venait chaque samedi), il
voulut me donner en cachette un gros pain blanc.
Schiller feignit de n'avoir pas vu cette offre. Pour
moi, si j'avais écouté mon estomac, je l'aurais
acceptée, mais je persistai à refuser, afin que ce
pauvre jeune homme ne fût pas tenté de répéter
son offrande, ce qui à la longue lui aurait été oné-
reux.

Pour la même raison, je refusais les offres de
Schiller. Plusieurs fois il m'apporta un morceau de
viande bouillie, en me priant de la manger, et
protestant que cela ne lui coûtait rien, que c'était
un morceau de reste, qu'il ne savait qu'en faire, et
qu'il le donnerait à d'autres, si je ne le prenais pas.
Je me serais jeté dessus pour le dévorer ; mais si je
l'avais pris, n'aurait-il pas eu chaque jour l'envie
de me donner quelque chose ?

Seulement deux fois qu'il m'apporta un plat de
cerises, et une autre fois quelques poires, la vue
de ces fruits me fascina irrésistiblement. Je me
repentis de les avoir pris, justement parce qu'à
partir de ce moment il ne cessait plus de m'en
offrir.

CHAPITRE LXV

Dans les premiers jours il fut établi que chacun de nous aurait, deux fois par semaine, une heure de promenade. Dans la suite, cette faveur fut accordée de deux jours l'un, et plus tard chaque jour, excepté les fêtes.

Chacun était conduit à la promenade séparément, entre deux gardiens ayant le fusil sur l'épaule. Moi qui me trouvais logé tout au bout du corridor, je passais, quand je sortais, devant les prisons de tous les condamnés d'État italiens, excepté Maroncelli, le seul qui languissait en bas.

« Bonne promenade »! me murmuraient-ils tous à travers le guichet de leur porte; mais il ne m'était pas permis de m'arrêter pour saluer personne.

On descendait un escalier, on traversait une vaste cour, et on allait sur une terrasse située au midi, d'où l'on voyait la ville de Brünn et une grande partie du pays d'alentour.

Dans la cour susdite, étaient toujours un grand nombre de condamnés de droit commun, qui allaient ou venaient pour leurs travaux, ou bien se promenaient en groupes en causant. Parmi eux, il y avait quelques voleurs italiens qui me saluaient avec un grand respect, et disaient entre eux : « Ce n'est pas un voleur comme nous ; et pourtant sa prison est plus dure que la nôtre ».

En fait, ils avaient beaucoup plus de liberté que moi.

J'entendais ces expressions et d'autres encore, et je leur rendais leur salut avec cordialité. L'un d'eux me dit une fois : « Le salut de monsieur me fait du bien. Monsieur voit peut-être sur ma physionomie quelque chose qui n'est pas de la scélératesse. Une passion malheureuse m'a poussé à commettre une faute ; mais non, monsieur, je ne suis pas un scélérat » !

Et il fondit en larmes. Je lui tendis la main, mais il ne put pas me la serrer. Mes gardiens, non par méchanceté, mais à cause des instructions qu'ils avaient, le repoussèrent. Ils ne devaient me laisser approcher par qui que ce fût. Les paroles que ces condamnés m'adressaient, ils feignaient la plupart du temps de se les dire entre eux, et, si mes deux soldats s'apercevaient qu'elles fussent à mon intention, ils leur intimaient silence.

On voyait encore passer par cette cour des hommes de conditions diverses, étrangers au château, qui venaient visiter le surintendant, ou le chapelain, ou le sergent, ou quelqu'un des caporaux. « Voilà un des Italiens, voilà un des Italiens », disaient-ils à voix basse, et ils s'arrêtaient pour me regarder. Et plus d'une fois je les entendis dire en allemand, croyant que je ne les comprenais pas :

« Ce pauvre monsieur, il ne deviendra pas vieux ; il a la mort sur la figure ».

En effet, ma santé, après s'être tout d'abord améliorée, languissait par l'insuffisance de nourriture, et de nouveaux accès de fièvre me prenaient souvent. Je m'efforçais de traîner ma chaîne jusqu'à l'endroit de la promenade, et là je me jetais sur l'herbe, et j'y restais ordinairement jusqu'à l'expiration de mon heure.

Mes gardiens restaient debout ou s'asseyaient près de moi, et nous causions. Un d'eux, nommé Kral, était un Bohémien qui, bien que d'une famille de pauvres paysans, avait reçu une certaine éducation et l'avait perfectionnée le plus qu'il avait pu, en réfléchissant avec beaucoup de discernement sur les choses du monde, et en lisant tous les livres qui lui tombaient sous la main. Il connaissait Klopstock, Wieland, Gœthe, Schiller et un grand nombre d'autres bons écrivains allemands. Il en savait une infinité de passages par cœur, et les disait avec intelligence et avec sentiment. L'autre gardien était un Polonais, du nom de Kubitzky, ignorant, mais respectueux et cordial. Leur compagnie m'était devenue très chère.

CHAPITRE LXVI

A l'une des extrémités de cette terrasse, étaient les appartements du surintendant ; à l'autre extrémité, logeait un caporal avec sa femme et son jeune enfant. Quand je voyais quelqu'un sortir de ces habitations, je me levais, je m'approchais de la personne, ou des personnes qui s'y montraient, et j'étais comblé de démonstrations de courtoisie et de pitié.

La femme du surintendant était malade depuis longtemps et dépérissait lentement. Elle se faisait parfois porter sur un canapé en plein air. Il est impossible de dire combien elle était émue en m'exprimant la compassion qu'elle éprouvait pour nous tous. Son regard était très doux et timide, mais, bien que timide, il s'attachait de temps en temps d'un air d'intense interrogation confiante sur les regards de celui qui lui parlait.

Je lui dis une fois en riant : « Savez-vous, madame, que vous ressemblez un peu à une personne qui me fut chère » ?

Elle rougit, et répondit avec une grave et aimable simplicité : « Ne m'oubliez donc pas quand je serai morte ; priez pour ma pauvre âme et pour les jeunes enfants que je laisse sur la terre ».

A partir de ce jour, elle ne put plus quitter le lit ; je ne la vis plus. Elle languit encore quelques mois, puis elle mourut.

Elle avait trois fils, beaux comme des amours, et un encore à la mamelle. L'infortunée les embrassait souvent en ma présence, et disait : « Qui sait quelle femme deviendra leur mère après moi ! Quelle qu'elle soit, que le Seigneur lui donne des entrailles de mère, même pour les enfants qui ne seront pas nés d'elle » ! Et elle pleurait.

Mille fois je me suis souvenu de sa prière et de ces larmes !

Quand elle ne fut plus, j'embrassais quelquefois ces enfants, et je m'attendrissais, et je répétais cette prière maternelle. Et je pensais à ma mère et aux vœux ardents que son cœur si aimant élevait sans doute pour moi, et je m'écriais avec des sanglots : « Oh ! bien plus heureuse est la mère qui, en mourant, abandonne ses enfants en bas âge, que celle qui, après les avoir élevés avec des soins infinis, se les voit ravir » !

Deux bonnes vieilles étaient d'ordinaire avec ces enfants : l'une était la mère du surintendant, l'autre la tante. Elles voulurent savoir toute mon histoire, et je la leur racontai en abrégé.

« Combien nous sommes malheureuses, disaient-elles avec l'expression de la douleur la plus vraie, de ne pouvoir vous aider en rien ! Mais soyez sûr que nous prierons pour vous, et que si un jour votre grâce arrive, ce sera une fête pour toute notre famille ».

La première, qui était celle que je voyais le plus souvent, possédait une douce et extraordinaire éloquence pour donner des consolations. Je les écoutais avec une gratitude filiale, et elles se gravaient dans mon cœur.

Elle me disait des choses que je savais déjà, et qui me frappaient comme des choses nouvelles : — que l'infortune ne dégrade pas l'homme, si celui-ci ne lui est pas inférieur, mais l'élève au contraire ; — que, si nous pouvions entrer dans les jugements de Dieu, nous verrions que bien souvent les vainqueurs sont plus à plaindre que les vaincus, ceux qui exultent de joie que ceux qui sont tristes, ceux qui sont riches que ceux qui sont dépouillés de tout ; — que l'amitié particulière montrée par l'homme-Dieu aux infortunés est un grand fait ; — que nous devions nous glorifier de porter la croix, depuis qu'elle a été portée par des épaules divines.

Eh bien ! ces deux bonnes vieilles, que je voyais si volontiers, durent bientôt, pour des raisons de famille, quitter le Spielberg ; les enfants cessèrent aussi de venir sur la terrasse. Combien ces pertes m'affligèrent !

CHAPITRE LXVII

La gêne de la chaîne aux pieds, en m'empêchant de dormir, contribuait à me ruiner la santé. Schiller voulait que je réclamasse, et prétendait qu'il était du devoir du médecin de me la faire enlever.

Pendant quelque temps je ne l'écoutai pas, puis je cédai à ses conseils, et je dis au médecin que, pour recouvrer le bienfait du sommeil, je le priais de me faire enlever la chaîne, au moins pour quelques jours.

Le médecin dit que mes fièvres n'en étaient pas encore arrivées à un degré tel qu'il pût me satisfaire, et qu'il était nécessaire que je m'accoutumasse aux fers.

La réponse m'indigna, et je fus colère d'avoir fait cette inutile demande.

« Voilà ce que j'ai gagné à suivre votre conseil persistant », dis-je à Schiller.

Il faut que je lui eusse dit ces paroles assez grossièrement, car le rude brave homme s'en offensa.

« Il déplaît à monsieur, cria-t-il, de s'être exposé à un refus, et à moi il me déplaît que monsieur soit fier avec moi » !

Puis il continua un long sermon : « Les orgueil-leux font consister leur grandeur à ne pas s'exposer aux refus, à ne pas accepter les offres, à rougir de mille puérilités. *Alle Eseleyen !* âneries que tout cela ! Vaine grandeur ! ignorance de la véritable dignité ! Et la véritable dignité consiste, en grande partie, à rougir uniquement des mauvaises actions » !

Il dit, sortit, et fit un fracas infernal avec ses clefs.

Je restai abasourdi. « Et pourtant cette rude franchise me plaît, disais-je. Elle part du cœur comme ses offres, comme ses conseils, comme sa compassion. Et ne m'a-t-il pas dit la vérité? A combien de faiblesses ne donné-je pas le nom de dignité, alors qu'elles ne sont pas autre chose que de l'orgueil » ?

A l'heure du dîner, Schiller laissa le condamné Kunda m'apporter les deux plats et mon eau, et s'arrêta sur la porte. Je l'appelai.

« Je n'ai pas le temps », répondit-il très sèche-ment. Je descendis de mon banc, j'allai à lui et je lui dis :

« Si vous voulez que mon repas me fasse du bien, ne me faites pas cette mauvaise mine.

— Et quelle mine dois-je faire ? demanda-t-il en se rassérénant.

— La mine d'un homme joyeux, d'un ami, ré-pondis-je.

— Vive la joie ! s'écria-t-il, et si, pour que son

repas lui fasse du bien, monsieur veut me voir aussi danser, le voilà servi ».

Et il se mit à gambader avec ses maigres et longues perches, et si plaisamment que j'éclatai de rire. Je riais, et j'avais le cœur ému.

CHAPITRE LXVIII

Un soir, Oroboni et moi nous étions à la fenêtre, et nous nous plaignions mutuellement d'être affamés; nous élevâmes un peu la voix, et les sentinelles se mirent à crier. Le surintendant, qui, par mésaventure, passait de ce côté, crut devoir faire appeler Schiller, et le tancer vertement de ce qu'il ne veillait pas mieux à nous faire observer le silence.

Schiller vint, en grande colère, s'en plaindre à moi, et m'intima l'ordre de ne plus jamais parler par la fenêtre. Il voulait que je le lui promisse.

« Non, répondis-je, non, je ne veux pas le promettre.

— Oh! *der Teufel, der Teufel!* cria-t-il; c'est à moi qu'on vient dire : Je ne veux pas! à moi qui reçois une maudite réprimande à cause de vous!

— Je suis fâché, mon cher Schiller, de la réprimande que vous avez reçue, j'en suis vraiment fâché, mais je ne veux pas vous promettre ce que je sens que je ne pourrais pas tenir.

— Et pourquoi monsieur ne le tiendrait-il pas?

— Parce que je ne pourrais pas; parce que la solitude continuelle est un tourment si cruel pour moi, que je ne résisterai jamais au besoin d'émettre quelques sons de voix de mes poumons, d'inviter mon voisin à me répondre. Et si le voisin se taisait, j'adresserais la parole aux barreaux de ma fenêtre, aux collines qui s'élèvent en face de moi, aux oiseaux qui volent.

— *Der Teufel!* Et monsieur ne veut pas me le promettre?

— Non, non, non »! m'écriai-je.

Il jeta à terre son bruyant trousseau de clefs et répéta : « *Der Teufel! der Teufel* »! Puis il se précipita pour m'embrasser.

« Eh bien! dois-je cesser d'être homme pour ces canailles de clefs? Monsieur est un homme comme il faut, et je suis content qu'il ne veuille pas me promettre ce qu'il ne tiendrait pas. J'en ferais autant, moi ».

Je ramassai les clefs et je les lui donnai.

« Ces clefs, lui dis-je, ne sont pas si *canailles*, puisque, d'un honnête caporal que vous êtes, elles ne peuvent pas faire un méchant sbire.

— Et si je croyais qu'elles pussent le faire, répondit-il, je les porterais à mes supérieurs, et je dirais : « Si on ne veut pas me donner d'autre pain que celui de bourreau, j'irai demander l'aumône ».

Il tira son mouchoir de sa poche, s'essuya les yeux, puis les tint levés, les mains jointes comme s'il priait. Je joignis les miennes, et je priai comme lui en silence. Il comprenait que je faisais des vœux pour lui, comme je comprenais qu'il en faisait pour moi.

En s'en allant, il me dit à voix basse : « Quand monsieur causera avec le comte Oroboni, qu'il parle le plus bas qu'il pourra. Il y trouvera deux avantages : l'un de m'épargner les reproches de monsieur le surintendant, l'autre de ne pas laisser surprendre quelque conversation... dois-je le dire?... quelque conversation qui, rapportée, ne pourrait qu'irriter encore celui qui peut punir ».

Je l'assurai qu'il ne sortait jamais de nos lèvres un mot qui, répété à qui que ce soit, pût offenser.

Nous n'avions pas, en effet, besoin d'avertissements pour être prudents. Deux prisonniers qui parviennent à communiquer entre eux, savent fort bien se créer un jargon avec lequel ils peuvent tout dire sans être compris de quiconque les écoute.

CHAPITRE LXIX

Je revenais un matin de la promenade; c'était le 7 août. La porte de la prison d'Oroboni était ouverte, et Schiller qui s'y trouvait ne m'avait pas entendu venir. Mes gardiens veulent hâter le pas pour fermer cette porte. Je les préviens, je m'élance, et me voilà dans les bras d'Oroboni.

Schiller fut abasourdi ; il dit : « *Der Teufel ! der Teufel* » *!* et leva le doigt pour me menacer. Mais ses yeux se remplirent de larmes, et il s'écria en sanglotant : « O mon Dieu, faites miséricorde à ces pauvres jeunes gens et à moi, et à tous les infortunés, vous qui avez été également si malheureux sur la terre » !

Les deux gardiens pleuraient à leur tour. La sentinelle du corridor, qui était accourue, pleurait elle aussi. Oroboni me disait : « Silvio, Silvio, voilà un des jours les plus chers de ma vie » ! Je ne sais ce que de mon côté je lui disais ; j'étais hors de moi de joie et de tendresse.

Quand Schiller nous conjura de nous séparer, force fut de lui obéir. Oroboni laissa échapper un torrent de larmes et me dit :

« Nous reverrons-nous jamais plus sur la terre » ?

Et je ne le revis jamais plus ! Quelques mois après, sa chambre était vide, et Oroboni gisait dans ce cimetière que j'avais devant ma fenêtre !

Depuis cet instant où nous nous étions vus, il semblait que nous nous aimions plus doucement, plus fortement qu'avant, il semblait que nous nous étions l'un à l'autre plus nécessaires.

C'était un beau jeune homme, de noble aspect, mais pâle et d'une mauvaise santé. Ses yeux seuls étaient pleins de vie. Mon affection pour lui était encore augmentée par la pitié que sa maigreur et sa pâleur m'inspiraient. Il éprouvait la même chose pour moi. Tous les deux nous sentions combien il était vraisemblable qu'il arriverait bientôt à l'un de nous de survivre à l'autre.

Au bout de quelques jours il tomba malade. Je ne faisais que gémir et prier pour lui. Après quelques accès de fièvre, il reprit un peu de force, et put revenir à nos conversations amicales. Oh ! comme entendre de nouveau le son de sa voix m'apportait de consolation !

« Ne te trompe pas, me disait-il ; ce sera pour peu de temps. Aie la force de t'apprêter à ma perte ; inspire-moi du courage par ton courage ».

A cette époque, on voulut blanchir les murs de nos prisons, et on nous transporta dans les souterrains. Par malheur, dans cet intervalle, nous ne fûmes pas placés dans des cachots voisins. Schiller me disait qu'Oroboni allait bien, mais je le soupçonnais de ne pas vouloir me dire la vérité, et je craignais que la santé déjà si débile de mon ami ne se détériorât tout à fait dans ces souterrains.

Si j'avais eu au moins la bonne fortune d'être en cette occasion voisin de mon cher Maroncelli ! J'entendis pourtant sa voix. Nous nous saluâmes en chantant, en dépit des cris des gardiens.

Ce fut dans ce temps que vint nous voir le premier médecin de Brünn, envoyé peut-être à la suite des rapports que le surintendant faisait à

Vienne, sur l'extrême faiblesse où nous avait tous réduits le défaut de nourriture, ou bien parce qu'il régnait alors dans les prisons une violente épidémie de scorbut.

Ne sachant pas le motif de cette visite, je m'imaginai que c'était pour une nouvelle maladie d'Oroboni. La crainte de le perdre me donnait une inquiétude indicible. Je fus pris alors d'une forte mélancolie et du désir de mourir. La pensée du suicide se présentait de nouveau à moi. Je la combattais; mais j'étais comme un voyageur fatigué qui, tout en se disant à lui-même : « C'est mon devoir d'aller jusqu'au bout », sent un besoin irrésistible de se jeter à terre et de se reposer.

On m'avait dit que, peu de temps auparavant, dans un de ces ténébreux cachots, un vieux Bohémien s'était tué en se frappant la tête contre les murs. Je ne pouvais chasser de mon esprit la tentation de l'imiter. Je ne sais si mon délire ne serait pas arrivé à ce point, si une gorgée de sang sortie de ma poitrine ne m'avait pas fait croire à ma mort prochaine. Je remerciai Dieu de ce qu'il voulait me faire mourir de cette façon, et m'épargner un acte de désespoir que mon intelligence condamnait.

Mais Dieu, au contraire, voulut me conserver. Cette gorgée de sang allégea mes maux. Pendant ce temps, je fus ramené dans la prison supérieure, et la lumière plus grande ainsi que le voisinage d'Oroboni, que j'y retrouvai, me rattachèrent à la vie.

CHAPITRE LXX

Je lui confiai la terrible mélancolie que j'avais éprouvée en me voyant séparé de lui; et il me dit que lui aussi avait dû combattre la pensée du suicide.

« Profitons, disait-il, du peu de temps qui nous est de nouveau donné, pour nous consoler mutuellement avec la religion. Parlons de Dieu; excitons-nous à l'aimer. Souvenons-nous qu'il est la justice, la sagesse, la bonté, la beauté, qu'il est tout ce que nous avons coutume d'admirer comme parfait. Je te dis en vérité que la mort n'est pas loin de moi. Je te serai éternellement reconnaissant, si tu contribues à me rendre dans ces derniers jours aussi religieux que j'aurais dû l'être toute ma vie ».

Et nos discours ne roulaient plus sur autre chose que la philosophie chrétienne, et sur les comparaisons de celle-ci avec les mesquineries du sensualisme. Nous étions enchantés tous les deux de découvrir une si grande concordance entre le christianisme et la raison ; tous les deux, en confrontant les diverses communions évangéliques, nous voyions que la religion catholique peut seule vraiment résister à la critique, et que la doctrine de la communion catholique consiste dans les dogmes les plus purs et la plus pure morale, et non dans les misérables sophismes produits par l'ignorance humaine.

« Et si, par un hasard peu probable, nous retournions dans la société, disait Oroboni, serions-nous assez pusillanimes pour ne pas confesser l'Évangile? pour avoir honte, si quelqu'un s'imaginait que la prison a amolli nos âmes, et que c'est par faiblesse que nous sommes devenus plus fermes dans notre croyance?

— Mon cher Oroboni, lui dis-je, ta question me révèle ta réponse, et c'est aussi la mienne. Le comble de la lâcheté, c'est d'être esclave des jugements d'autrui, quand on a la persuasion qu'ils sont faux. Je ne crois pas que ni toi ni moi ayons jamais une pareille lâcheté ».

Dans ces effusions de cœur, je commis une faute. J'avais juré à Julien de ne jamais confier à personne, en révélant son vrai nom, les relations qui avaient existé entre nous. Je les racontai à Oroboni, en lui disant : « Dans le monde, jamais chose semblable ne me serait sortie des lèvres, mais ici nous sommes dans un tombeau, et, si tu en sors jamais, je sais que je puis me fier à toi ».

Cette âme si honnête se taisait.

« Pourquoi ne me réponds-tu pas »? lui dis-je.

Enfin il se mit à me blâmer sérieusement de la violation de ce secret. Ses reproches étaient justes. Aucune amitié, quelque intime qu'elle soit, quelque fortifiée qu'elle soit par la vertu, ne peut autoriser une semblable violation.

Mais, puisque j'étais tombé dans cette faute, Oroboni en tira pour moi un bénéfice. Il avait connu Julien, et savait quelques traits honorables de sa vie. Il me les raconta, et dit : « Cet homme a agi si souvent en chrétien qu'il ne peut porter sa fureur antireligieuse jusqu'à la tombe. Espérons, espérons qu'il en sera ainsi ! Et toi, Silvio, efforce-toi de lui pardonner de bon cœur ses mouvements de mauvaise humeur, et prie pour lui » !

Ses paroles étaient sacrées pour moi.

CHAPITRE LXXI

Les conversations dont j'ai parlé, soit avec Oroboni, soit avec Schiller ou d'autres, n'occupaient toutefois qu'une petite partie des longues vingt-quatre heures de ma journée, et il n'était pas rare qu'aucune conversation avec le premier ne fût possible.

Que faisais-je dans une si grande solitude ?

Voici quelle était toute ma vie pendant ces journées. Je me levais toujours à l'aube, et, montant sur le haut de mon banc, je me cramponnais aux barreaux de la fenêtre, et je disais mes prières. Oroboni était déjà à sa fenêtre, ou ne tardait pas à y venir. Nous nous saluions, et chacun continuait silencieusement à penser à Dieu. Autant nos cachots étaient horribles, autant était beau le spectacle extérieur que nous avions. Ce ciel, cette campagne, ce va-et-vient lointain de créatures dans la vallée, ces voix de paysannes, ces rires, ces chants, nous réjouissaient, nous faisaient plus chèrement sentir la présence de Celui qui se montre si magnifique dans sa bonté, et dont nous avions tant besoin.

Venait la visite du matin par les gardiens. Ceux-ci donnaient un coup d'œil à la chambre pour voir si tout était en ordre, et examinaient ma chaîne anneau par anneau, afin de s'assurer que quelque accident ou quelque mauvaise intention ne l'avait pas rompue ; ou plutôt (rompre la chaîne était impossible) cette inspection était faite pour obéir fidèlement aux prescriptions de la discipline. Si c'était un jour où venait le médecin, Schiller demandait si on voulait lui parler, et en prenait note.

Après avoir fait le tour de nos prisons, Schiller revenait et accompagnait Kunda, qui était chargé de nettoyer chacune de nos chambres.

Après un court intervalle, on nous apportait le déjeuner. C'était une demi-assiette de bouillon rougeâtre, avec trois tranches de pain très minces ; je mangeais ce pain, et ne buvais pas le bouillon.

Après quoi, je me mettais à l'étude. Maroncelli

avait apporté d'Italie un grand nombre de livres, et tous nos compagnons en avaient aussi apporté, qui plus, qui moins. Le tout ensemble formait une bonne petite bibliothèque. Nous espérions en outre pouvoir l'augmenter au moyen de notre argent. Il n'était encore arrivé aucune réponse de l'empereur au sujet de la permission qui lui avait été demandée de lire nos livres et d'en acheter d'autres ; mais, en attendant, le gouverneur de Brünn accordait provisoirement à chacun de nous l'autorisation de garder deux livres, et d'en changer toutes les fois que nous voudrions. Vers les neuf heures venait le surintendant, et, lorsque le médecin avait été demandé, il l'accompagnait.

Un peu de temps me restait encore ensuite pour l'étude, jusqu'à onze heures, qui était le moment du dîner.

Jusqu'au coucher du soleil, je n'avais plus de visite, et je me remettais à étudier. Alors Schiller et Kunda venaient pour changer mon eau, et un instant après arrivait le surintendant avec quelques gardiens, pour l'inspection du soir dans toute ma chambre et à mes fers.

Pendant une des heures de la journée, tantôt avant, tantôt après le dîner, au bon plaisir des gardiens, avait lieu la promenade.

La susdite visite du soir terminée, Oroboni et moi nous nous mettions à causer, et c'étaient ordinairement là nos entretiens les plus longs. Les entretiens extraordinaires avaient lieu le matin, ou tout de suite après le dîner, mais le plus souvent ils étaient très courts.

Quelquefois les sentinelles étaient si compatissantes qu'elles nous disaient : « Un peu plus bas, messieurs ; autrement la punition tombera sur nous ».

D'autres fois, elles feignaient de ne pas s'apercevoir que nous parlions ; puis, voyant paraître le sergent, elles nous priaient de nous taire jusqu'à ce qu'il fût parti ; et à peine était-il parti qu'elles nous disaient : « Messieurs, vous pouvez causer maintenant, mais le plus bas qu'il vous sera possible ».

Parfois, quelques-uns de ces soldats s'enhardissaient jusqu'à causer avec nous, à satisfaire à nos demandes et à nous donner quelques nouvelles de l'Italie.

A certains de leurs discours nous ne répondions qu'en les priant de se taire. Il était tout naturel que nous doutassions si c'étaient toujours là des épanchements sincères du cœur, ou des pièges pour scruter nos pensées. Néanmoins, j'incline beaucoup plus à croire que ces braves gens parlaient avec sincérité.

CHAPITRE LXXII

Un soir nous avions des sentinelles très bienveillantes, de sorte qu'Oroboni et moi nous ne nous donnions pas la peine d'abaisser la voix. Maroncelli, cramponné à la fenêtre de son souterrain, nous entendit, et distingua ma voix. Il ne put se retenir; il me salua en chantant. Il me demandait comment j'allais, et m'exprimait avec les paroles les plus tendres son regret de n'avoir pas encore pu obtenir que nous fussions mis ensemble. Cette grâce, je l'avais aussi demandée, mais ni le surintendant du Spielberg ni le gouverneur de Brünn n'avaient qualité pour nous l'accorder. Notre mutuel désir avait été transmis à l'empereur, et aucune réponse n'était encore arrivée.

Outre la fois que nous nous saluâmes en chantant dans les souterrains, j'avais entendu plusieurs fois ses chants de l'étage supérieur, mais sans comprendre les paroles, et pendant quelques instants à peine, parce qu'on ne le laissait pas continuer.

Cette fois, il éleva beaucoup plus la voix; il ne fut pas aussi vite interrompu, et je compris tout.

Il n'y a pas de termes pour exprimer l'émotion que j'éprouvai.

Je lui répondis, et nous continuâmes le dialogue environ un quart d'heure. Enfin on changea les sentinelles sur la terrasse, et celles qui vinrent ne furent pas complaisantes. Nous nous disposions bien cependant à recommencer nos chants, mais des cris furieux s'élevèrent pour nous accabler de malédictions, et nous dûmes les respecter.

Je me représentais Maroncelli gisant depuis si longtemps dans cette prison bien pire que la mienne; je m'imaginais la tristesse qui devait souvent l'y accabler et le dommage que sa santé en éprouverait, et une profonde angoisse me serrait le cœur.

Je pus enfin pleurer, mais les larmes ne me soulagèrent pas. Je fus pris d'un fort mal de tête, avec une fièvre violente. Je ne me tenais pas sur pied, je me jetai sur ma paillasse. Les convulsions augmentèrent; je souffrais d'horribles spasmes à la poitrine. Je crus mourir cette nuit.

Le jour suivant, la fièvre avait cessé et la poitrine allait mieux, mais il me semblait avoir du feu dans le cerveau, et à peine pouvais-je remuer la tête sans y réveiller des douleurs atroces.

Je dis mon état à Oroboni. Il se trouvait aussi plus mal que d'habitude.

« Ami, me dit-il, il n'est pas loin le jour où l'un de nous ne pourra plus venir à la fenêtre. Chaque fois que nous nous saluons peut être la dernière.

Tenons-nous donc prêts l'un et l'autre, tant à mourir qu'à survivre à notre ami ».

Sa voix était attendrie; moi, je ne pouvais répondre. Nous gardâmes un instant le silence, puis il reprit :

« Tu es heureux, toi, de savoir l'allemand! tu pourras au moins te confesser! J'ai demandé un prêtre qui sût l'italien; on m'a dit qu'il n'y en avait pas. Mais Dieu voit mon désir, et depuis que je me suis confessé à Venise, il me semble, en vérité, que je n'ai plus rien qui me pèse sur la conscience.

— Moi, au contraire, je me suis confessé à Venise, lui dis-je, l'esprit plein de rancune, et j'ai plus mal fait que si j'avais refusé les sacrements. Mais si aujourd'hui on m'accorde un prêtre, je t'assure que je me confesserai de cœur en pardonnant à tous.

— Le Ciel te bénisse! s'écria-t-il, tu me donnes une grande consolation. Faisons, oui, faisons le possible l'un et l'autre pour être unis dans l'éternelle félicité, comme nous le fûmes dans ces jours d'infortune »!

Le jour d'après, je l'attendis à la fenêtre, et il ne vint pas. Je sus par Schiller qu'il était gravement malade.

Huit ou dix jours après, il allait mieux, et il revint me saluer. Je souffrais, mais je me soutenais. Quelques mois se passèrent ainsi, tant pour lui que pour moi, dans ces alternatives de mieux et de plus mal.

CHAPITRE LXXIII

Je pus me traîner jusqu'au 11 janvier 1823. Le matin, je me levai avec un mal de tête assez léger, mais avec une disposition à tomber en faiblesse. Les jambes me tremblaient, et j'avais de la peine à respirer.

Depuis deux ou trois jours aussi, Oroboni était mal, et ne se levait pas.

On m'apporte la soupe, j'en goûte à peine une cuillerée, puis je tombe privé de sens. Quelque temps après, la sentinelle du corridor, ayant regardé par hasard à travers le guichet, et me voyant étendu par terre avec mon assiette renversée à côté de moi, me crut mort et appela Schiller.

Le surintendant vint aussi ; on appela immédiatement le médecin, et on me mit au lit. Je revins à moi.

Le médecin dit que j'étais en danger, et me fit enlever les fers. Il m'ordonna je ne sais quel cordial, mais mon estomac ne pouvait rien garder. La douleur de tête augmentait terriblement.

On fit immédiatement un rapport au gouverneur qui expédia un courrier à Vienne pour savoir comment je devais être traité. On répondit de ne pas me mettre à l'infirmerie, mais de me soigner dans ma prison avec la même diligence que si j'avais été à l'infirmerie. De plus, on autorisait le surintendant à me donner du bouillon et des soupes de sa cuisine, tant que durerait la gravité du mal.

Cette dernière précaution me fut inutile dans le commencement; aucun aliment, aucune boisson ne passait. Mon état empira pendant toute une semaine, et je délirais jour et nuit.

Kral et Kubitzky me furent donnés comme infirmiers, tous deux me servaient avec affection.

Chaque fois que j'avais un peu ma connaissance, Kral me répétait :

« Ayez confiance en Dieu ; Dieu seul est bon.

— Priez pour moi, lui disais-je, non pas pour qu'il me guérisse, mais pour qu'il accepte mes maux et ma mort en expiation de mes péchés ».

Il me suggéra la pensée de demander les sacrements.

« Si je ne les ai pas demandés, répondis-je, attribuez-le à la faiblesse de ma tête; mais ce sera pour moi une grande consolation de les recevoir ».

Kral rapporta mes paroles au surintendant, et on fit venir le chapelain des prisons.

Je me confessai, je communiai, et je reçus l'huile sainte. Je fus content de ce prêtre. Il s'appelait Sturm. Les réflexions qu'il me fit sur la justice de Dieu, sur l'injustice des hommes, sur le devoir du pardon, sur la vanité de toutes les

choses du monde, n'étaient pas des trivialités ;
elles portaient l'empreinte d'une intelligence élevée et cultivée, et d'un vif sentiment du véritable
amour de Dieu et du prochain.

CHAPITRE LXXIV

L'effort d'attention que je fis pour recevoir les
sacrements semblait devoir épuiser mes forces vi-
tales, mais il me fit au contraire du bien, en me
jetant dans une léthargie de quelques heures qui
me reposa.

Je me réveillai un peu soulagé, et, voyant Schiller et Kral près de moi, je leur pris les mains et je
les remerciai de leurs soins.

Schiller me dit : « Mon œil est exercé à voir
des malades ; je parierais que monsieur ne mourra
pas.

— Ne vous semble-t-il pas que vous me faites
une mauvaise prédiction? dis-je.

— Non, répondit-il ; les misères de la vie sont
grandes, c'est vrai ; mais celui qui les supporte
avec grandeur d'âme et humilité gagne toujours à
vivre ».

Puis il ajouta : « Si monsieur vit, j'espère qu'il
aura dans quelques jours une grande consolation.
Il a demandé à voir M. Maroncelli?

« — Je l'ai demandé tant de fois, et en vain ; je n'ose plus l'espérer !

— Espérez, espérez, monsieur ! et renouvelez la demande ».

Je la renouvelai en effet le jour même. Le surintendant me dit également que je devais espérer, et il ajouta qu'il était vraisemblable que non seulement Maroncelli pourrait me voir, mais qu'il me serait donné comme infirmier, et ensuite comme inséparable compagnon.

Comme tous les prisonniers d'État que nous étions, nous avions plus ou moins la santé ruinée, le gouverneur avait demandé à Vienne la permission de nous mettre tous deux à deux, afin que l'un servît d'aide à l'autre.

J'avais aussi demandé la faveur d'écrire un dernier adieu à ma famille.

Vers la fin de la seconde semaine, ma maladie subit une crise, et le danger fut écarté.

Je commençais à me lever, quand un matin la porte s'ouvre, et je vois entrer tout joyeux le surintendant, Schiller et le médecin. Le premier court à moi et me dit : « Nous avons la permission de vous donner Maroncelli pour compagnon, et de vous laisser écrire une lettre à vos parents ».

La joie m'ôta la respiration, et le pauvre surintendant qui, dans un élan de bon cœur, avait manqué de prudence, me croyait perdu.

Quand je repris mes sens, et que je me souvins de la nouvelle que j'avais entendue, je priai qu'on ne me fit pas attendre plus longtemps un si grand bonheur. Le médecin y consentit, et Maroncelli fut conduit dans mes bras.

Oh! quel moment ce fut! « Tu vis? nous écriâmes-nous réciproquement. Mon ami! mon frère! quel jour fortuné il nous est encore donné de voir! Dieu en soit béni » !

Mais à notre joie, qui était immense, se joignait une immense compassion. Maroncelli devait être moins frappé que moi, en me trouvant dans un aussi grand état de dépérissement que je l'étais : il savait quelle grave maladie j'avais faite. Mais moi, bien que je songeasse à ce qu'il avait souffert, je ne me l'imaginais pas aussi différent de ce qu'il était auparavant. Il était à peine reconnaissable. Ces traits, jadis si beaux, si florissants, étaient consumés par la douleur, par la faim, par l'air malsain de son ténébreux cachot!

Toutefois, nous voir, nous entendre, être enfin inséparables, nous consolait. Oh! combien de choses avions-nous à nous communiquer, à nous rappeler, à nous répéter! Quelle douceur dans nos plaintes mutuelles! Quelle harmonie dans toutes nos idées! Quelle satisfaction de nous trouver d'accord en fait de religion, de haïr l'un et l'autre l'ignorance et la barbarie, mais de n'avoir de haine pour personne, et d'avoir commisération des ignorants et des barbares, et de prier pour eux!

CHAPITRE LXXV

On m'apporta une feuille de papier et une plume, afin que j'écrivisse à mes parents.

Comme en principe la ¡permission avait été donnée à un moribond dont l'intention était d'envoyer à sa famille le dernier adieu, je craignais que ma lettre, ayant une tout autre allure, ne fût plus expédiée. Je me bornai à prier avec la plus grande tendresse mes parents, mes frères et mes sœurs, de se résigner à mon sort, leur protestant que j'y étais moi-même résigné.

Cette lettre fut néanmoins expédiée, comme je le sus depuis, lorsque après tant d'années je revis le toit paternel. Ce fut la seule que, pendant le temps si long de ma captivité, mes chers parents purent avoir de moi. Pour moi, je n'en eus jamais aucune d'eux ; celles qu'ils m'écrivirent furent toujours retenues à Vienne. Mes autres compagnons d'infortune étaient également privés de toutes relations avec leurs familles.

Nous demandâmes un nombre infini de fois la faveur d'avoir au moins du papier et des plumes pour étudier, et celle de faire usage de notre argent pour acheter des livres. Nous ne fûmes jamais exaucés.

Le gouverneur continuait cependant à nous permettre de lire nos livres.

Nous eûmes encore, grâce à sa bonté, quelque amélioration dans la nourriture; mais, hélas! elle ne fut pas de longue durée. Il avait consenti à ce que, au lieu d'être servis par la cuisine du *traiteur* des prisons, nous le fussions par celle du surintendant. Quelques fonds supplémentaires avaient été assignés par lui pour cet usage. La confirmation de ces dispositions ne vint pas; mais, pendant tout le temps que dura ce bienfait, j'en éprouvai un grand soulagement. Maroncelli reprit aussi un peu de vigueur. Quant à l'infortuné Oroboni, il était trop tard!

Ce dernier avait été donné comme compagnon d'abord à l'avocat Solera, ensuite au prêtre D. Fortini.

Quand on nous eut mis deux par deux dans toutes les prisons, la défense de parler aux fenêtres nous fut renouvelée avec menace, pour celui qui y contreviendrait, d'être replongé dans la solitude. A dire vrai, nous violâmes quelquefois la défense pour nous saluer, mais nous ne fîmes plus de longues conversations.

Le caractère de Maroncelli et le mien s'harmonisaient parfaitement. Le courage de l'un soutenait le courage de l'autre. Si l'un de nous était pris de tristesse ou de fureur contre les rigueurs de notre condition, l'autre l'égayait par quelque plaisanterie ou par des raisonnements pleins d'à-propos. Un doux sourire tempérait presque toujours nos chagrins.

Tant que nous eûmes des livres, bien que nous les eussions tellement lus et relus que nous les savions par cœur, ce fut une douce nourriture pour notre esprit, parce que c'était l'occasion d'examens toujours nouveaux, de confrontations, de jugements, de rectifications, etc. Nous lisions ou nous méditions une grande partie de la journée en silence, et nous donnions à la conversation le temps du dîner, celui de la promenade et de la soirée tout entière ».

Maroncelli, dans son souterrain, avait composé beaucoup de vers d'une grande beauté. Il me les récitait et en composait d'autres. J'en composais aussi, et je les lui récitais. Et notre mémoire s'exerçait à retenir tout cela. Admirable fut la facilité que nous acquîmes de composer de mémoire de longues poésies, de les limer, de les modifier encore un nombre infini de fois, et de les ramener à ce même degré de perfection que nous aurions pu obtenir en les écrivant. Maroncelli composa ainsi, peu à peu, et retint par cœur plusieurs milliers de vers lyriques et épiques. Moi, je fis la tragédie de *Leoniero da Dertona*, et d'autres compositions variées.

CHAPITRE LXXVI

Oroboni, après avoir beaucoup souffert pendant l'hiver et le printemps, se trouva bien plus mal pendant l'été. Il cracha le sang, et tomba dans l'hydropisie.

Je laisse à penser quelle était notre affliction alors qu'il allait s'éteignant si près de nous, sans que nous pussions briser ces cruelles murailles qui nous empêchaient de le voir et de lui prêter nos services d'amis !

Schiller nous apportait de ses nouvelles. L'infortuné jeune homme souffrit atrocement, mais son courage ne fut jamais abattu. Il eut les secours spirituels du chapelain (qui, par bonheur, savait le français).

Il mourut le jour de la fête de son patron, le 13 juin 1823. Quelques heures avant d'expirer, il parla de son père octogénaire, s'attendrit et pleura. Puis il se reprit, en disant : « Mais pourquoi pleuré-je le plus heureux de ceux qui me sont chers, puisqu'il est à la veille de me rejoindre dans l'éternelle paix » ?

Ses dernières paroles furent : « Je pardonne de cœur à mes ennemis ».

D. Fortini, son ami d'enfance, homme tout de religion et de charité, lui ferma les yeux.

Pauvre Oroboni! quel froid glacial nous courut dans les veines, quand on nous dit qu'il n'était plus! — et quand nous entendîmes les voix et les pas de ceux qui vinrent prendre le cadavre! — et quand nous vîmes de la fenêtre le char sur lequel on le portait au cimetière! Deux condamnés de droit commun traînaient le char; quatre gardiens le suivaient. Nous accompagnâmes des yeux le triste convoi jusqu'au cimetière. Il entra dans l'enceinte, et s'arrêta à un angle : là était la fosse.

Peu d'instants après, le char, les condamnés et les gardiens s'en revinrent. Un de ces derniers était Kubitzky. Il me dit (pensée délicate, surprenante chez un homme grossier) : « J'ai marqué avec soin l'endroit de la sépulture, afin que, si quelque parent ou quelque ami peut un jour obtenir de prendre ces ossements et de les porter dans son pays, on sache où ils gisent ».

Combien de fois Oroboni m'avait dit, en regardant de sa fenêtre le cimetière : « Il faut que je m'habitue à l'idée d'aller pourrir là; pourtant je confesse que cette idée me fait frissonner. Il me semble qu'on ne doit pas se trouver aussi bien enseveli dans ce pays que dans notre chère péninsule ».

Puis il riait et s'écriait : « Enfantillages! quand un vêtement est usé et qu'il faut le quitter, qu'importe où il est jeté » !

D'autres fois il disait : « Je me prépare à la mort, mais je me serais résigné plus volontiers à une condition : rentrer ne fût-ce qu'un instant sous le toit paternel, embrasser les genoux de mon père, entendre une parole de bénédiction, et mourir » !

Il soupirait et ajoutait : « Si ce calice ne peut être éloigné de moi, ô mon Dieu ! que ta volonté soit faite » !

Et, le dernier matin de sa vie, il dit encore, en baisant un crucifix que Kral lui présentait :

« Toi qui étais d'une origine divine, tu eus cependant horreur de la mort, et tu disais : *Si possibile est, transeat a me calyx iste !* Pardonne si je le dis, moi aussi. Mais je répète aussi ces autres paroles de toi : *Verumtamen non sicut ego volo, sed sicut tu* » !

CHAPITRE LXXVII

Après la mort d'Oroboni, je tombai de nouveau malade. Je croyais rejoindre bientôt l'ami qui venait de s'éteindre, et je le désirais. Toutefois, me serais-je séparé sans regret de Maroncelli ?

Plus d'une fois, pendant qu'assis sur sa paillasse, il lisait ou faisait des vers, ou peut-être feignait, comme moi, de se distraire par de sem-

blables études et méditait sur nos malheurs, je
le regardais avec douleur et je pensais : « Combien ta vie ne sera-t-elle pas plus triste,
quand le souffle de la mort m'aura touché, quand
tu me verras emporter hors de cette chambre ;
quand, regardant le cimetière, tu diras : « Silvio
aussi est là » ! Et je m'attendrissais sur ce pauvre
survivant, et je faisais des vœux pour qu'on lui
donnât un autre compagnon capable de l'appré-
cier comme je l'appréciais, — ou bien pour que le
Seigneur prolongeât mon martyre, et me laissât
le doux office d'adoucir celui de cet infortuné en
le partageant.

Je ne note pas combien de fois je vis dispa-
raitre et revenir ma maladie. L'assistance que,
dans toutes ces circonstances, m'apportait Maroncelli, était celle du plus tendre frère. Il comprenait quand il ne fallait pas que je parlasse, et alors
il gardait le silence ; il comprenait quand ses
paroles pouvaient me soulager, et alors il trouvait
toujours des sujets conformes à ma disposition
d'esprit, tantôt en favorisant cette disposition,
tantôt en essayant peu à peu d'en changer le cours.
D'esprits plus nobles que le sien, je n'en avais
jamais connu ; de pareils, je n'en ai connu que
bien peu. Un grand amour pour la justice, une
grande tolérance, une grande confiance dans la
vertu humaine et dans les secours de la Providence, un sentiment très vif du beau dans tous
les arts, une imagination riche en poésie, tous les

plus aimables dons de l'esprit et du cœur, s'unissaient pour me le rendre cher.

Je n'oubliais pas Oroboni, et chaque jour je gémissais sur sa mort; mais mon cœur se réjouissait souvent en pensant que cet être bien cher, libre de tous maux et au sein de la Divinité, devait aussi compter parmi ses joies celle de me voir avec un ami non moins affectueux que lui.

Il me semblait qu'au fond de l'âme une voix m'assurait qu'Oroboni n'était plus dans un lieu d'expiation; néanmoins je priais toujours pour lui. Plusieurs fois je rêvai que je le voyais, qu'il priait pour moi; et ces rêves, j'aimais à me persuader qu'ils n'étaient pas accidentels, mais bien de véritables manifestations de lui-même, permises par Dieu pour me consoler. Il serait ridicule à moi de m'appesantir sur la vivacité de ces rêves, et sur la suavité qu'ils me laissaient réellement, pendant des journées entières.

Mais les sentiments religieux et mon amitié pour Maroncelli adoucissaient de plus en plus mes chagrins. L'unique idée qui m'épouvantât, était la possibilité que cet infortuné, dont la santé était déjà ruinée, bien que moins menaçante que la mienne, me précédât au tombeau. Chaque fois qu'il tombait malade, je tremblais; chaque fois que je le voyais aller mieux, c'était une fête pour moi.

Ces peurs que j'avais de le perdre donnaient à mon affection pour lui une force toujours croissante ; et chez lui la peur de me perdre opérait le même effet.

Ah! il y avait encore une grande douceur dans ces alternatives d'inquiétudes et d'espérances pour une personne qui était la seule qui me restât! Notre sort était assurément un des plus misérables qui soient sur terre, et pourtant nous estimer et nous aimer si pleinement constituait au milieu de nos douleurs une sorte de félicité ; et nous la ressentions vraiment.

CHAPITRE LXXVIII

J'aurais désiré que le chapelain (dont j'avais été si content dans le temps de ma première maladie) nous fût accordé pour confesseur, et que nous puissions le voir de temps en temps, même sans être gravement malades. Au lieu de lui donner cette charge, le gouverneur nous destina un frère de Saint-Augustin, du nom de P. Baptiste, en attendant qu'arrivât de Vienne ou la confirmation de ce dernier, ou la nomination d'un autre.

Je craignais de perdre au change ; je me trompais. Le P. Baptiste était un ange de charité ; ses manières étaient celles d'un homme très bien élevé, et même élégantes : il raisonnait avec profondeur sur les devoirs de l'homme.

Nous le priâmes de nous visiter souvent. Il venait tous les mois, et plus fréquemment, s'il le pouvait. Il nous apportait aussi, avec la permission du gouverneur, quelque livre, et nous disait, au nom de son abbé, que toute la bibliothèque du couvent était à notre disposition. C'eût été un grand avantage pour nous si cela avait duré. Toutefois nous en profitâmes quelques mois.

Après la confession, il s'arrêtait longtemps à converser avec nous, et de tous ses discours ressortait une âme droite, pleine de dignité, éprise de la grandeur et de la sainteté de l'homme. Nous eûmes la bonne fortune de jouir environ un an de ses lumières et de son affection, et il ne se démentit jamais. Jamais une syllabe qui pût faire soupçonner ses intentions, non pas de remplir son ministère, mais de servir la politique. Jamais le moindre oubli d'aucun égard délicat.

Dans le principe, à dire vrai, je me défiais de lui; je m'attendais à le voir tourner la finesse de son esprit vers des investigations qui ne m'auraient pas convenu. Dans un prisonnier d'État, une semblable défiance n'est que trop naturelle; mais comme elle est vite dissipée, lorsque dans l'interprète de Dieu on ne découvre d'autre zèle que celui de la cause de Dieu et de l'humanité !

Il avait une manière particulière à lui et très efficace de nous donner des consolations. Je m'accusais, par exemple, de transports de colère contre les rigueurs de la discipline de notre prison.

Il moralisait un peu sur la vertu de souffrir avec
sérénité et en pardonnant; puis il passait à la
peinture, sous les plus vives couleurs, des misères
des conditions différentes de la mienne. Il avait
beaucoup vécu à la ville et à la campagne, connu
grands et petits, et médité sur les injustices
humaines. Il savait décrire fort bien les passions
et les mœurs des diverses classes sociales. De tous
côtés il me montrait des forts et des faibles, des
oppresseurs et des opprimés; de tous côtés la nécessité ou de haïr nos semblables, ou de les
aimer avec une généreuse indulgence et par compassion. Les cas qu'il rapportait pour me rappeler l'universalité du malheur, et les bons effets
qu'on peut retirer du malheur même, n'avaient
rien d'extraordinaire; ils étaient au contraire tout à
fait naturels; mais il les exposait avec des paroles
si justes, si puissantes, qu'elles me faisaient fortement sentir les déductions que j'en devais tirer.

Oh oui! chaque fois que j'avais entendu ces
tendres reproches et ces nobles conseils, je brûlais
d'amour pour la vertu, et je ne haïssais plus personne; j'aurais donné ma vie pour le moindre de
mes semblables; je bénissais Dieu de m'avoir fait
homme.

Ah! malheureux, celui qui ignore la sublimité
de la confession! malheureux celui qui, pour ne
point paraître vulgaire, se croit obligé de la
regarder avec dédain! Il n'est pas vrai; chacun
sachant qu'il faut être bon, il n'est pas vrai qu'il

soit inutile de se l'entendre dire ; que nos propres
réflexions et les lectures opportunes puissent suffire. Non! la parole vivante d'un homme a une
puissance que n'ont ni les lectures ni les réflexions
propres. L'âme en est plus remuée ; les impres-
sions qui s'y font sont plus profondes. Dans le
frère qui parle, il y a une vie et un à-propos
qu'on chercherait souvent en vain dans les livres
et dans nos propres pensées.

CHAPITRE LXXIX

Au commencement de 1824, le surintendant,
qui avait ses bureaux à une des extrémités de
notre corridor, les transporta ailleurs, et les
pièces des bureaux, avec d'autres qu'on y réunit,
furent converties en prisons. Hélas! nous comprîmes que de nouveaux prisonniers d'État
devaient être attendus d'Italie.

En effet, ceux qui avaient été condamnés à la
suite d'un troisième procès arrivèrent bientôt ;
tous de mes amis et de mes connaissances! Oh!
quand je sus leurs noms, quelle fut ma tristesse!
Borsieri était un de mes plus anciens amis! J'étais
lié avec Confalonieri depuis moins de temps, mais
aussi de tout mon cœur! Si j'avais pu, en passant
au *carcere durissimo* ou à quelque autre tourment

imaginable, racheter leur peine et les délivrer, Dieu sait si je ne l'aurais pas fait! Je ne dis pas seulement donner ma vie pour eux; ah! qu'est-ce de donner sa vie? Souffrir est bien plus!

J'aurais eu alors d'autant plus besoin des consolations du P. Baptiste; on ne lui permit plus de venir.

De nouveaux ordres arrivèrent pour le maintien de la plus sévère discipline. Cette terrasse qui nous servait de promenade fut d'abord entourée de murs, de façon que personne, même de loin et avec des télescopes, ne pût nous voir; et nous perdîmes ainsi le très beau spectacle des collines environnantes et de la ville située à leur pied. Cela ne suffit pas. Pour aller à cette terrasse, il fallait, comme j'ai dit, traverser la cour, et pendant ce temps beaucoup de gens pouvaient nous voir. Afin de nous celer à tous les regards, on nous supprima ce lieu de promenade, et on nous en assigna un tout petit contigu à notre corridor, et en plein nord, comme nos chambres.

Je ne puis exprimer combien ce changement de promenade nous affligea. Je n'ai pas noté toutes les consolations que nous avions dans ce lieu qu'on nous enlevait : la vue des enfants du surintendant, leurs chers embrassements là où nous avions vu pendant ses derniers jours leur mère malade, quelques causeries avec le serrurier, qui y avait son logement, les joyeuses chansons et les accords harmonieux d'un caporal qui jouait de la

guitare, et, en dernier lieu, un amour innocent,
— un amour qui n'était ni le mien ni celui de
mon compagnon, mais celui d'une bonne Hongroise, femme d'un caporal et marchande de
fruits. Elle s'était éprise de Maroncelli.

Déjà, avant qu'on l'eût mis avec moi, lui et la
femme en question, se voyant chaque jour en cet
endroit, avaient contracté une certaine amitié.
Maroncelli était une âme si honnête, si digne, si
simple dans ses vues, qu'il ignorait tout à fait avoir
inspiré de l'amour à la compatissante créature. Je
l'en fis apercevoir. Il hésita à y ajouter foi, et,
dans le doute seul que je pouvais avoir raison, il
s'imposa à lui-même de se montrer plus froid avec
elle. Sa réserve plus grande, au lieu d'éteindre
l'amour de la dame, semblait l'augmenter.

Comme la fenêtre de sa chambre était à peine
élevée d'une brassée au-dessus du sol de la terrasse, elle sautait de notre côté, sous prétexte
d'étendre un peu de linge au soleil ou de quelque
autre petit travail, et elle restait là à nous regarder ; et, si elle le pouvait, elle entamait la conversation.

Nos pauvres gardiens, toujours fatigués d'avoir
peu ou pas du tout dormi de la nuit, saisissaient
volontiers l'occasion de se tenir dans cet angle
d'où, sans être vus de leurs supérieurs, ils pouvaient s'asseoir sur l'herbe et sommeiller. Maroncelli était alors dans un grand embarras, tant
l'amour de cette infortunée se manifestait claire-

ment. Mon embarras était plus grand encore. Néanmoins de semblables scènes, qui auraient été fort risibles si la femme nous eût inspiré peu de respect, étaient pour nous sérieuses et je pourrais dire pathétiques. La malheureuse Hongroise avait une de ces physionomies qui annoncent indubitablement l'habitude de la vertu et le besoin d'estime. Elle n'était pas belle; mais elle était douée d'une telle expression de noblesse, que les contours un peu irréguliers de son visage semblaient s'embellir à chacun de ses sourires, à chaque mouvement de ses muscles.

Si je m'étais proposé d'écrire une histoire d'amour, il me resterait encore bien des choses à dire sur cette malheureuse et vertueuse femme, morte maintenant. Mais qu'il me suffise d'avoir indiqué un des rares incidents de notre vie de prison.

CHAPITRE LXXX

Les rigueurs croissantes rendaient toujours notre vie de plus en plus monotone. Tout 1824, tout 1825, tout 1826, tout 1827, à quoi se passèrent-ils pour nous? On nous enleva l'usage de nos livres qui nous avait été provisoirement accordé par le gouverneur. La prison devint pour nous une véritable tombe, dans laquelle la tranquillité de la tombe ne nous était pas même laissée. Tous les mois, à un jour déterminé, le directeur de police, accompagné d'un lieutenant et de gardiens, venait nous faire une minutieuse perquisition. On nous mettait nus, on examinait toutes les coutures de nos vêtements, dans la crainte que nous n'y tinssions caché quelque papier ou toute autre chose; on décousait nos paillasses pour les fouiller. Bien qu'on ne pût rien trouver de clandestin chez nous, cette visite hostile, toute de surprise et répétée sans fin, avait je ne sais quoi qui m'irritait, et me donnait chaque fois la fièvre.

Les années précédentes m'avaient semblé si malheureuses, et maintenant j'y pensais avec regret, comme à un temps de douceurs bien chères. Où étaient les heures où je m'enfonçais dans l'étude de la Bible ou d'Homère ? A force de lire Homère dans le texte, le peu de connaissance que j'avais du grec s'était accrue, et je m'étais passionné pour cette langue. Combien je regrettais de ne pouvoir en continuer l'étude ! Dante, Pétrarque, Shakespeare, Byron, Walter Scott, Schiller, Gœthe, etc., que d'amis qui m'avaient été soustraits ! Parmi tous ces auteurs, je comptais aussi quelques livres de science chrétienne, comme Bourdaloue, Pascal, *l'Imitation de Jésus-Christ, la Philotée*, etc., livres qui, si on les lit avec un sentiment de critique étroite et peu libérale, en se récriant à chaque défaut de goût qu'on rencontre, à toute pensée peu solide, se jettent là et ne se reprennent plus ; mais qui, lus sans malignité et sans se scandaliser de leurs côtés faibles, découvrent une philosophie élevée et vigoureusement nutritive pour le cœur et l'intelligence.

Quelques-uns de ces livres sur la religion nous furent, dans la suite, envoyés en don par l'empereur, mais à l'exclusion absolue de livres d'autre espèce pouvant servir aux études littéraires.

Ce don d'œuvres ascétiques nous fut accordé en 1825, sur la demande d'un confesseur dalmate qu'on nous avait envoyé de Vienne, le P. Étienne Paulowich, fait, deux ans après, évêque de Cattaro. C'est aussi à lui que nous dûmes d'avoir enfin la messe, qu'auparavant on nous avait toujours refusée, en disant qu'on ne pouvait pas nous conduire à l'église et nous tenir séparés deux à deux, comme c'était prescrit.

Une si grande séparation ne pouvant être maintenue, nous allions à la messe divisés en trois groupes : un groupe sur la tribune de l'orgue, un autre sous la tribune, de façon à n'être pas vu, et le troisième dans un petit oratoire donnant sur l'église au moyen d'un grillage.

Maroncelli et moi nous avions alors pour compagnons, mais avec défense à un couple de parler à l'autre, six condamnés faisant partie du procès antérieur au nôtre. Deux d'entre eux avaient été mes voisins sous les Plombs de Venise. Nous étions conduits par des gardiens au poste assigné,

et reconduits, après la messe, chaque couple dans
sa prison. Un capucin venait nous dire la messe.
Ce brave homme finissait toujours la cérémonie
par un *Oremus*, implorant la délivrance de nos fers,
et sa voix était émue. Quand il quittait l'autel, il
jetait un coup d'œil compatissant à chacun des
trois groupes, et il inclinait tristement la tête en
priant.

CHAPITRE LXXXI

En 1825, Schiller fut jugé désormais trop affaibli
par les infirmités de la vieillesse, et on lui donna
la garde d'autres condamnés, pour lesquels il
semblait qu'on n'eût pas autant besoin de vigilance. Oh! combien il nous fut pénible de le voir
s'éloigner de nous, et à lui de nous laisser!

Il eut d'abord pour successeur Kral, qui ne lui
était pas inférieur en bonté. Mais à celui-là aussi
on vint à donner bientôt une autre destination, et
il nous en arriva un autre, non pas méchant, mais
bourru et étranger à toute démonstration affectueuse.

Ces changements m'affligeaient profondément.
Schiller, Kral et Kubitzky, mais particulièrement
les deux premiers, nous avaient assistés dans nos

maladies comme un père et un frère auraient pu
le faire. Incapables de manquer à leur devoir, ils
savaient le remplir sans dureté de cœur. S'il y
avait un peu de rudesse dans les formes, elle était
presque toujours involontaire, et ils la rachetaient
pleinement par les façons bienveillantes dont ils
usaient envers nous. Je me mis quelquefois en
colère contre eux, mais comme ils me pardon-
naient cordialement! comme ils prenaient peine à
nous persuader qu'ils n'étaient pas sans affection
pour nous, et comme ils étaient contents quand ils
voyaient que nous en étions persuadés, et que
nous les estimions comme des hommes de bien!

A partir du moment où il fut loin de nous,
Schiller tomba plusieurs fois malade, et se rétablit.
Nous demandions de ses nouvelles avec une anxiété
filiale. Quand il était convalescent, il venait parfois se promener sous nos fenêtres. Nous toussions
pour le saluer, et il regardait en haut avec un sourire mélancolique, et il disait à la sentinelle, de
façon que nous l'entendissions : « *Da sind meine
sohne!* (Ce sont mes enfants! »)

Pauvre vieillard! quelle peine j'éprouvais de te
voir traîner lentement ton corps malade, et de ne
pouvoir te soutenir de mon bras!

Quelquefois il s'asseyait sur l'herbe et lisait.
C'étaient les livres qu'il m'avait prêtés ; et, afin
que je les reconnusse, il en disait le titre à la sentinelle, ou en récitait quelques fragments. Le
plus souvent, ces livres étaient des contes d'alma-

nach, ou d'autres romans de peu de valeur littéraire, mais très moraux.

Après plusieurs rechutes d'apoplexie, il se fit
porter à l'hôpital militaire. Il était déjà dans un
très mauvais état, et il y mourut bientôt. Il possédait quelques centaines de florins, fruit de ses
longues épargnes; il les avait prêtés à quelques-
uns de ses compagnons d'armes. Lorsqu'il se vit
près de sa fin, il appela près de lui ces amis et leur
dit : « Je n'ai plus de parents ; que chacun de vous
garde ce qu'il a en main. Je vous demande seulement de prier pour moi ».

Un de ces amis avait une fille de dix-huit ans,
qui était la filleule de Schiller. Peu d'heures avant
de mourir, le bon vieillard la fit appeler. Il ne
pouvait plus parler distinctement; il ôta de son
doigt un anneau d'argent, sa dernière richesse, et
le mit au doigt de la jeune fille. Puis il l'embrassa
et pleura en l'embrassant. La pauvre enfant pous-
sait des gémissements et l'inondait de larmes. Il
les lui essuyait avec son mouchoir. Il prit ses mains
et se les posa sur les yeux... Ces yeux étaient fermés pour toujours.

CHAPITRE LXXXII

Les consolations nous manquaient l'une après l'autre; les peines étaient toujours plus grandes. Je me résignais à la volonté de Dieu, mais je me résignais en gémissant; et mon âme, au lieu de s'endurcir au mal, semblait le ressentir toujours plus douloureusement.

Une fois, on m'apporta en cachette une feuille de la *Gazette d'Augsbourg*, dans laquelle on racontait une chose fort étrange sur moi, à propos de la prise de voile d'une de mes sœurs.

On disait : « La signora Maria-Angiola Pellico, fille, etc., etc., a pris aujourd'hui, etc., le voile dans le monastère de la Visitation à Turin, etc. C'est la propre sœur de l'auteur de la *Francesca da Rimini*, Silvio Pellico, qui est sorti récemment de la forteresse du Spielberg, gracié par Sa Majesté l'empereur, trait de clémence bien digne d'un si magnanime souverain, et qui réjouit l'Italie tout entière, d'autant que, etc., etc. ».

Et ici suivait mon éloge.

La fable de ma grâce, je ne pouvais imaginer pourquoi on l'avait inventée. Un simple divertissement de journaliste ne paraissait pas vraisemblable; c'était peut-être quelque ruse de la police

allemande? Qui le sait? Mais les noms de Maria-
Angiola étaient précisément ceux de ma sœur cadette. Ces bruits devaient sans doute être passés
de la *Gazette de Turin* à d'autres gazettes. Donc,
l'excellente jeune fille s'était vraiment faite religieuse! Ah! peut-être a-t-elle pris cet état parce
qu'elle a perdu ses parents! Pauvre jeune fille!
Elle n'a pas voulu que je souffrisse seul les angoisses de la prison; elle aussi a voulu s'enfermer! Le
Seigneur lui donne plus qu'à moi les vertus de la
patience et de l'abnégation! Que de fois, dans sa
cellule, cet ange pensera à moi! que de fois elle
fera de dures pénitences pour obtenir de Dieu qu'il
allège les maux de son frère!

Ces pensées m'attendrissaient et me déchiraient
le cœur. Mes malheurs ne pouvaient que trop avoir
concouru à abréger les jours de mon père ou de
ma mère, ou de tous deux! Plus j'y pensais, et
plus il me paraissait impossible que, sans cette
perte, ma chère Mariette eût abandonné le toit
paternel. Cette idée m'oppressait comme une certitude, et je tombai par suite dans une tristesse
pleine d'angoisse.

Maroncelli en était ému non moins que moi.
Quelques jours après, il se mit à composer une
lamentation poétique sur la sœur du prisonnier. Il
en résulta un très beau poème, respirant la mélancolie et la pitié. Quand il l'eut terminé, il me le
récita. Oh! comme je lui sus gré de sa délicatesse!
Parmi tant de millions de vers qui avaient été faits

jusqu'alors pour des religieuses, ceux-là étaient probablement les seuls qui eussent été composés en prison, pour le frère de la religieuse, par un compagnon de chaine. Quel concours d'idées pathétiques et religieuses!

Ainsi l'amitié adoucissait mes douleurs. Ah! depuis ce moment, il ne se passa pas de jour sans que j'errasse longuement par la pensée dans un couvent de jeunes vierges; sans que parmi ces jeunes vierges j'en considérasse une avec une plus tendre pitié; sans que je priasse ardemment le Ciel d'embellir sa solitude, et de ne pas laisser son imagination lui dépeindre ma prison avec trop d'horreur.

CHAPITRE LXXXIII

Que l'arrivée clandestine de cette gazette ne fasse pas imaginer au lecteur que les nouvelles du monde que je réussis à me procurer étaient fréquentes. Non: tous étaient bons autour de moi, mais tous étaient liés par une énorme peur. S'il se produisit en cachette quelque légère contravention, ce ne fut que lorsque le danger pouvait véritablement sembler nul. Et il était difficile qu'une chose pût sembler sans importance au milieu de tant de perquisitions ordinaires et extraordinaires.

Il ne me fut jamais donné d'avoir en secret des nouvelles des êtres chers qui étaient si loin de moi, si ce n'est le renseignement susdit relatif à ma sœur.

La crainte que j'avais que mes parents ne fussent plus en vie vint quelque temps après à s'augmenter plutôt qu'à diminuer, à la façon dont le directeur de police vint un jour m'annoncer qu'on allait bien chez moi. « S. M. l'empereur, dit-il, m'ordonne de vous communiquer de bonnes nouvelles de ceux de vos parents que vous avez à Turin ».

Je tressaillis de plaisir et de surprise à cette communication, qui ne m'avait jamais été faite jusque-là, et je demandai de plus grands détails.

« J'ai laissé, lui dis-je, mes parents, mes frères et mes sœurs à Turin. Vivent-ils tous ? Ah ! si monsieur a une lettre de l'un d'eux, je le supplie de me la montrer !

— Je ne peux rien montrer. Vous devez vous contenter de cela. C'est toujours une preuve de bienveillance de l'empereur de vous faire dire ces consolantes paroles. Cela ne s'est encore fait pour personne.

— J'avoue que c'est une preuve de bienveillance de l'empereur ; mais vous sentirez qu'il m'est impossible de tirer une consolation quelconque de paroles aussi peu déterminées. Quels sont ceux des membres de ma famille qui se portent bien ? N'en ai-je perdu aucun ?

— Monsieur, je regrette de ne pouvoir vous en dire plus que ce qui m'a été ordonné ».

Et, ayant parlé ainsi, il s'en alla.

On avait eu certainement l'intention de m'apporter du soulagement par cette nouvelle. Mais je me persuadai que, en même temps que l'empereur, cédant aux instances de quelqu'un des miens, avait consenti à ce qu'on me donnât ce renseignement, il n'avait pas voulu qu'on me montrât de lettre, afin que je ne visse pas quels étaient ceux de mes chers aimés qui me manquaient.

Quelques mois après, une communication semblable à la première me fut faite. Aucune lettre, aucune explication de plus.

On vit que je ne me contentais pas de cela, et que j'en restais encore plus affligé, et on ne me dit plus jamais rien de ma famille.

La pensée que mes parents étaient morts, que mes frères l'étaient aussi, et Joséphine, mon autre sœur bien-aimée ; que peut-être Marietta était seule survivante, et qu'elle s'éteindrait bientôt dans l'angoisse de la solitude et dans les rigueurs de la pénitence, me détachait de plus en plus de la vie.

A plusieurs reprises, fortement assailli par mes infirmités habituelles, ou par des infirmités nouvelles, comme d'horribles coliques accompagnées de symptômes très douloureux et semblables à ceux du *choléra morbus*, j'espérai mourir. Oui, l'expression est exacte : *j'espérai*.

Et néanmoins, ô contradictions de l'homme !
quand je jetais un coup d'œil sur mon compagnon
languissant, mon cœur se déchirait à la pensée de
le laisser seul, et je désirais encore la vie !

CHAPITRE LXXXIV

Trois fois il vint de Vienne des personnages
d'un rang élevé pour visiter nos prisons, et pour
s'assurer s'il n'y avait pas d'abus contre la discipline. La première fois, ce fut le baron von Münch.
Pris de pitié en voyant le peu de lumière que
nous avions, il dit qu'il implorerait qu'on prolongeât notre journée, en nous faisant mettre pendant quelques heures de la soirée une lanterne à
la partie extérieure du guichet. Sa visite fut faite
en 1825. Une année après, sa charitable intention
fut réalisée. Et, de la sorte, à la lueur de cette
lumière sépulcrale, nous pûmes désormais voir
les murs de notre cachot, et ne pas nous casser la
tête en nous promenant.

La seconde visite fut celle du baron de Vogel.
Il me trouva dans un très mauvais état de santé.
Ayant appris que, bien que le médecin eût jugé
que le café me serait utile, on ne se disposait pas
à m'en donner parce que c'était un objet de luxe,

il dit une parole dans ce sens en ma faveur, et le café me fut accordé.

La troisième visite fut celle de je ne sais quel autre seigneur de la cour, homme entre cinquante et soixante ans, qui nous témoigna par ses manières et par ses paroles la plus noble compassion. Il ne pouvait rien faire pour nous, mais la douce expression de sa bonté était un bienfait, et nous lui en fûmes reconnaissants.

Oh! quel désir a le prisonnier de voir des créatures de son espèce! La religion chrétienne, qui est si riche d'humanité, n'a pas oublié de compter au nombre des œuvres de miséricorde de *visiter les prisonniers*. L'aspect des hommes qui s'affligent de votre malheur, même quand ils n'ont pas le moyen de vous soulager plus efficacement, suffit à vous l'adoucir.

L'extrême solitude peut tourner avantageusement à l'amélioration de certaines âmes; mais je crois qu'en général elle l'est bien plus si elle n'est pas poussée à l'extrême, et si elle est mitigée par quelque contact avec la société. Moi, du moins, je suis ainsi fait. Si je ne vois pas mes semblables, je concentre mon amour sur un trop petit nombre d'entre eux, et je me désaffectionne des autres. Si je puis en voir, je ne dirai pas beaucoup, mais un certain nombre, j'aime avec tendresse tout le genre humain.

Mille fois je me suis trouvé le cœur si exclusivement épris d'un très petit nombre et plein de

haine pour les autres, que je m'en épouvantais.
Alors j'allais à la fenêtre en souhaitant de voir
quelque figure nouvelle, et je m'estimais heureux
si la sentinelle, en se promenant, ne rasait pas le
mur de trop près ; si elle s'écartait de façon que je
pusse la voir ; si elle levait la tête en m'entendant
tousser ; si sa physionomie était bonne. Quand il
me semblait y découvrir un sentiment de pitié,
mon cœur palpitait doucement, comme si ce soldat
inconnu avait été un ami intime. Si elle s'éloignait, j'attendais avec une amoureuse inquiétude
qu'elle revint ; et si alors elle me regardait, je m'en
réjouissais comme d'une grande charité. Si elle ne
passait plus de façon que je la visse, je restais
mortifié comme un homme qui aime et qui re-
connait qu'on ne prend pas garde à lui.

CHAPITRE LXXXV

Dans la prison contiguë à la nôtre, et qui avait
été jadis celle d'Oroboni, étaient maintenant
D. Marco Fortini et Antoine Villa. Ce dernier,
autrefois robuste comme un Hercule, souffrit beaucoup de la faim pendant la première année, et
lorsqu'il eut un peu plus de nourriture, il se trouva
sans forces pour digérer. Il languit longtemps ;
puis, réduit presque à la dernière extrémité, il

obtint qu'on lui donnât une prison plus aérée.
L'atmosphère méphitique d'un étroit sépulcre lui
était, sans doute, très nuisible, comme elle l'était
à tous les autres. Mais le remède par lui réclamé
ne fut pas suffisant. Dans cette grande chambre,
il se conserva quelques mois encore, puis, après
des vomissements de sang réitérés, il mourut.

Il fut assisté par son compagnon de captivité,
D. Fortini, et par l'abbé Paulowich, venu en hâte
de Vienne quand on apprit qu'il était moribond.

Bien que je ne fusse pas lié avec lui aussi étroitement qu'avec Oroboni, cependant sa mort m'affligea beaucoup. Je savais qu'il était aimé avec la
plus vive tendresse par ses parents et par son
épouse. Pour lui, il était plus à envier qu'à
plaindre ; mais ceux qui survivaient !

Il avait aussi été mon voisin sous les Plombs ;
Tremerello m'avait apporté quelques vers de lui,
et lui avait apporté des miens. Il régnait parfois
dans ces vers de lui un profond sentiment.

Après sa mort, il me sembla que je l'affection-
nais plus encore que pendant sa vie, en apprenant
des gardiens combien misérablement il avait souffert. L'infortuné ne pouvait se résigner à mourir,
bien que très religieux. Il éprouva au plus haut
degré l'horreur de ce terrible passage, bénissant
pourtant toujours le Seigneur, et s'écriant les
larmes aux yeux : « Je ne sais pas conformer ma
volonté à la tienne, et cependant je veux l'y conformer. Opère toi-même en moi ce miracle » !

Il n'avait pas le courage d'Oroboni, mais il l'imita en protestant qu'il pardonnait à ses ennemis.

A la fin de cette année (c'était en 1826), nous entendîmes un soir dans le corridor le bruit mal étouffé des pas de plusieurs personnes. Nos oreilles étaient devenues très habiles à discerner mille genres de bruit. Une porte vient à s'ouvrir ; nous reconnaissons que c'est celle où était l'avocat Solera. Une autre s'ouvre ; c'est celle de Fortini. Parmi quelques voix parlant tout bas, nous distinguions celle du directeur de police. — Que serait-ce ? Une perquisition à une heure si tardive ? Et pourquoi ?

Mais bientôt on sort de nouveau dans le corridor. Tout à coup la voix chérie du bon Fortini : *Oh ! pauvre de moi ! excusez-moi, j'ai oublié un tome de mon bréviaire !*

Et vite, vite il courait reprendre son volume, puis il rejoignait la petite troupe. La porte de l'escalier s'ouvrit, nous entendîmes leurs pas jusqu'au bas ; nous comprîmes que les deux heureux prisonniers avaient reçu leur grâce ; et, bien que nous eussions du regret de ne pas les suivre, nous nous en réjouîmes.

CHAPITRE LXXXVI

La libération de ces deux compagnons était-elle sans aucune conséquence pour nous? Comment sortaient-ils, eux qui avaient été condamnés comme nous, l'un à vingt ans, l'autre à quinze, tandis que sur nous et sur bien d'autres ne brillait pas la même faveur?

Contre ceux qui n'avaient pas été libérés, existait-il donc des préventions plus hostiles? Ou bien serait-on disposé à les gracier tous, mais à brefs intervalles, et deux à la fois? Peut-être chaque mois? Peut-être chaque deux ou trois mois?

Nous restâmes ainsi pendant quelque temps dans le doute. Et plus de trois mois s'écoulèrent sans qu'on procédât à aucune autre mise en liberté. Vers la fin de 1827, nous pensâmes que le mois de décembre pourrait avoir été choisi pour l'anniversaire des grâces. Mais décembre passa, et aucune n'eut lieu.

Nous restâmes dans l'attente jusqu'à l'été de 1828 qui terminait alors pour moi les sept années et demie de peine, équivalant, selon la parole de l'empereur, à quinze, si toutefois la peine comptait à partir de l'arrestation. Que si l'on ne voulait pas comprendre le temps du procès (et cette supposition était la plus vraisemblable), mais faire commencer la peine à partir de la publication, les sept années et demie ne devaient finir qu'en 1829.

Tous les termes calculables passèrent, et la grâce ne brilla pas. Entre temps, avant même le départ de Solera et de Fortini, il était venu à mon pauvre Maroncelli une tumeur au genou gauche. Dans le commencement, la douleur était légère et le forçait seulement à boiter. Puis il éprouva de la peine à traîner ses fers, et il ne sortait que rarement pour la promenade. Un matin d'automne, il lui plut de sortir avec moi pour respirer un peu d'air ; il y avait déjà de la neige, et dans un moment fatal où je ne le soutenais pas, il trébucha et tomba. La secousse fit immédiatement passer à l'état aigu la douleur du genou. Nous le portâmes sur son lit ; il n'était plus en état de se tenir debout. Quand le médecin le vit, il se décida enfin à lui faire enlever les fers. La tumeur empira de jour en jour et devint énorme, et de plus en plus douloureuse. Telles étaient les souffrances du pauvre infirme qu'il ne pouvait trouver de repos ni au lit ni hors du lit.

Quand il y avait nécessité pour lui de remuer, de se lever et de se recoucher, je devais prendre avec la plus grande délicatesse possible la jambe malade et la placer très lentement dans la position qu'il fallait. Le plus petit changement d'une position à une autre demandait parfois un quart d'heure de spasmes.

Les sangsues, les cautères, les pierres infernales, les cataplasmes, tantôt secs, tantôt humides, tout fut tenté par le médecin. C'étaient des accroissements de douleurs atroces, et rien de plus. Après les cautérisations à la pierre infernale, la suppuration se formait. Toute cette tumeur n'était qu'une plaie; mais elle ne diminuait jamais, mais jamais l'écoulement de la plaie n'apportait d'adoucissement à la douleur.

Maroncelli était mille fois plus malheureux que moi; néanmoins, combien je souffrais avec lui! Les soins d'infirmier m'étaient doux parce qu'ils étaient consacrés à un si digne ami. Mais le voir dépérir ainsi, dans de si longs, de si atroces tourments, et ne pouvoir lui rendre la santé! Et prévoir que ce genou ne guérirait jamais plus! Et découvrir que le malade considérait la mort comme beaucoup plus probable que la guérison! Et n'avoir qu'à l'admirer sans cesse pour son courage et pour sa sérénité; ah! tout cela me causait d'indicibles angoisses!

CHAPITRE LXXXVII

Dans ce déplorable état, il composait encore des vers, il chantait, il discourait; il faisait tout cela pour me donner des illusions, pour me cacher une partie de ses maux. Il ne pouvait plus digérer ni dormir; il maigrissait d'une manière épouvantable; il tombait fréquemment en défaillance; et cependant il recouvrait par moments toute sa vitalité, et me rendait le courage à moi-même.

Ce qu'il souffrit pendant neuf longs mois ne peut se décrire. Enfin on obtint qu'une consultation serait tenue. Le premier médecin vint; il approuva tout ce que le médecin avait essayé, et sans émettre son opinion sur la maladie et sur ce qui restait à faire, il s'en alla.

Un moment après, vint le surintendant : il dit à Maroncelli : « Le premier médecin n'a pas osé s'expliquer ici en votre présence; il craignait que vous n'eussiez pas la force d'entendre annoncer une dure nécessité. Je l'ai assuré que le courage ne vous manquait pas.

— J'espère, dit Maroncelli, en avoir donné quelques preuves en souffrant sans me plaindre ces douleurs déchirantes. Me proposerait-on?...

— Oui, monsieur, l'amputation. Seulement, le premier médecin, en voyant un corps si affaibli, hésite à la conseiller. Dans un tel état de faiblesse, vous sentirez-vous capable de supporter l'opération? Voulez-vous vous exposer au danger?...

— De mourir? Et ne mourrai-je pas également si on ne met pas un terme à ce mal?

— Nous ferons donc tout de suite un rapport à Vienne sur tout cela, et aussitôt la permission d'amputer venue...

— Quoi ! il faut une permission?

— Oui, monsieur ».

Au bout de huit jours le consentement attendu arriva.

Le malade fut porté dans une chambre plus grande; il demanda que je le suivisse.

« Je pourrais expirer pendant l'opération, dit-il; que je me trouve au moins dans les bras d'un ami ».

Ma compagnie lui fut accordée.

L'abbé Wrba, notre confesseur (il avait succédé à Paulowich), vint administrer les sacrements à l'infortuné. Cet acte religieux accompli, nous attendions les chirurgiens, et ils n'arrivaient pas. Maroncelli se mit encore à chanter un hymne.

Les chirurgiens finirent par arriver; ils étaient deux. L'un était le chirurgien ordinaire de la maison, c'est-à-dire notre barbier; et lorsqu'il se présentait des opérations, il avait le droit de les faire de sa main, et il ne voulait pas en céder l'honneur à d'autres. L'autre était un jeune chirurgien, élève de l'école de Vienne, et qui jouissait déjà d'une réputation de grande habileté. Il avait été envoyé par le gouverneur pour assister à l'opération et la diriger; il aurait voulu la faire lui-même, mais il lui fallut se contenter de veiller à l'exécution.

Le malade fut assis sur le bord du lit, les jambes en bas : je le tenais dans mes bras. Au-dessus du genou, là où la cuisse commençait à être saine, on fit une ligature très serrée, pour marquer le cercle

que devait décrire le couteau. Le vieux chirurgien
coupa tout autour à la profondeur d'un doigt ; puis
il tira par-dessus les chairs la peau coupée et continua à couper les muscles mis à nu. Le sang ruis-
selait à torrents des artères, mais celles-ci furent
aussitôt liées avec un fil de soie. En dernier lieu,
on scia l'os.

Maroncelli ne poussa pas un cri. Quand il vit
qu'on emportait la jambe coupée, il lui donna un
regard de compassion ; puis, se tournant vers le
chirurgien qui l'avait opéré, il lui dit :

« Vous m'avez délivré d'un ennemi, et je n'ai
aucun moyen de vous en récompenser ».

Il y avait, dans un verre sur la fenêtre, une
rose.

« Je te prie de m'apporter cette rose », me dit-il.

Je la lui apportai, et il l'offrit au vieux chirurgien, en lui disant : « Je n'ai pas autre chose à
vous présenter en témoignage de ma gratitude ».

Celui-ci prit la rose et pleura.

CHAPITRE LXXXVIII

Les chirurgiens avaient cru que l'infirmerie du
Spielberg était pourvue de tout le nécessaire,
excepté les instruments qu'ils avaient apportés.
Mais, l'amputation faite, ils s'aperçurent qu'il

manquait diverses choses nécessaires, de la toile
cirée, de la glace, des bandes, etc.

Le malheureux mutilé dut attendre deux heures
que tout cela fût apporté de la ville. Enfin il put
s'étendre sur le lit, et la glace fut appliquée sur le
moignon.

Le jour suivant on débarrassa le moignon des
caillots de sang qui s'y étaient formés; on le lava;
on tira la peau en bas, et on le banda.

Pendant quelques jours on ne donna au malade
qu'une demi-tasse de bouillon avec un jaune d'œuf
battu; et, quand fut passé le danger de la fièvre
causée par la blessure, on commença graduel-
lement à le restaurer avec des aliments plus nour-
rissants. L'empereur avait ordonné que, jusqu'à
ce que ses forces fussent rétablies, on lui donnât
une bonne nourriture, de la cuisine du surintendant.

La guérison s'opéra en quarante jours après
lesquels nous fûmes reconduits dans notre prison.
Celle-ci d'ailleurs fut agrandie par une ouverture
dans le mur, et par la réunion de notre ancien
cachot à celui habité jadis par Oroboni et puis par
Villa.

Je transportai mon lit à l'endroit même où avait
été celui d'Oroboni, où il était mort. Cette identité
de lieu m'était chère; il me semblait m'être rap-
proché de lui. Je rêvais souvent à lui, et il me
semblait que son esprit venait vraiment me visiter
et me rasséréner par de célestes consolations.

Le spectacle horrible de tant de tourments soufferts par Maroncelli avant l'amputation de sa
jambe, durant cette opération et après, me for-
tifia l'âme. Dieu qui m'avait donné une santé suffisante pendant la maladie de celui-ci, parce que
mes soins lui étaient nécessaires, me l'ôta lorsqu'il
put se soutenir sur des béquilles.

J'eus plusieurs tumeurs glandulaires très douloureuses. J'en guéris, et elles furent suivies par
des maux de poitrine, que j'avais déjà éprouvés
autrefois, mais qui étaient maintenant plus suffo-
cants que jamais ; par des vertiges et des dysen-
teries spasmodiques.

« Mon tour est venu, disais-je à part moi. Serai-
je moins patient que mon compagnon » ?

Je m'appliquai dès lors à imiter, autant que je
le savais, son courage.

Il n'est pas douteux que chaque condition
humaine a ses devoirs. Ceux d'un malade sont la
patience, le courage, et tous les efforts possibles
pour ne pas être désagréable à ceux qui sont
autour de lui.

Maroncelli, sur ses pauvres béquilles, n'avait
plus l'agilité d'autrefois, et il s'en affligeait dans
la crainte de me servir moins bien. Il craignait en
outre que, pour lui épargner les mouvements et la
fatigue, je ne réclamasse par ses services autant
que j'en aurais besoin.

Et cela arrivait vraiment quelquefois, mais je
faisais en sorte qu'il ne s'en aperçût pas.

Bien qu'il eût repris de la force, il n'était pas cependant sans souffrances. Il éprouvait, comme tous les amputés, des sensations douloureuses dans les nerfs, comme si la partie coupée vivait encore. Il souffrait du pied, de la jambe et du genou qu'il n'avait plus. Ajoutez à cela que l'os avait été mal scié et pénétrait dans les nouvelles chairs, et y faisait des plaies fréquentes. Ce ne fut qu'au bout d'un an environ que le moignon fut assez endurci et ne s'ouvrit plus.

CHAPITRE LXXXIX

Mais d'autres maux assaillirent de nouveau l'infortuné, et presque sans intervalle. Ce fut d'abord une arthritite, qui commença par les jointures des mains et puis lui martyrisa pendant plusieurs mois tout le corps ; ensuite, le scorbut. Cette maladie lui couvrit rapidement le corps de taches livides et en faisait un objet d'épouvante.

Je cherchais à me consoler en pensant à part moi : « Puisqu'il faut mourir ici en prison, il vaut mieux que le scorbut soit venu à l'un de nous deux ; c'est un mal contagieux et qui nous conduira dans la tombe, sinon ensemble, au moins à peu de distance l'un de l'autre ».

Nous nous préparions tous les deux à la mort, et nous étions tranquilles. Neuf années de prison et de graves souffrances nous avaient enfin familiarisés avec l'idée de la destruction totale de deux corps aussi ruinés et réclamant le repos. Et nos âmes se confiaient dans la bonté de Dieu, et croyaient être toutes les deux réunies dans un lieu où toutes les colères des hommes cessent, et où nous demandions dans nos prières de voir aussi un jour, réunis à nous et apaisés, ceux qui ne nous aimaient pas.

Le scorbut, dans les années précédentes, avait fait beaucoup de ravages dans ces prisons. Le gouverneur, quand il sut que Maroncelli était affecté de ce terrible mal, craignit une nouvelle épidémie scorbutique, et consentit à la requête du médecin qui disait qu'il n'y avait d'autre remède efficace pour Maroncelli que l'air libre, et qui conseillait de le tenir le moins possible dans sa chambre.

Quant à moi, comme logé avec lui, et malade également d'une discrasie, je jouis du même avantage.

Pendant toutes les heures où le lieu de promenade n'était pas occupé par d'autres, c'est-à-dire depuis une demi-heure avant l'aube pendant une couple d'heures, puis durant le dîner, si cela nous plaisait, ensuite pendant trois heures du soir jusqu'au coucher du soleil, nous restions dehors. Cela pour les jours ordinaires. Les jours de fête, comme il n'y avait pas de promenade pour les

autres, nous restions dehors du matin au soir,
excepté pendant le diner.

Un autre malheureux, à la santé bien atteinte,
et d'environ soixante-dix ans, nous fut adjoint,
dans l'espoir que l'oxygène pourrait aussi lui être
utile. C'était M. Constantin Munari, aimable vieillard, amateur d'études littéraires et philosophiques, et dont la société nous fut très agréable.

En cherchant à calculer la durée de ma peine,
non de l'époque de mon arrestation, mais de celle
de la condamnation, je trouvais que les sept
années et demie finissaient en 1829 dans les premiers jours de juillet, suivant la signature impériale au bas de la sentence, ou bien au 22 août,
suivant qu'on prenait la publication pour point
de départ.

Mais ce terme passa, lui aussi, et toute espérance mourut.

Jusqu'alors, Maroncelli, Munari et moi, nous faisions quelquefois la supposition que nous rever-
rions encore le monde, notre Italie, nos parents;
et c'était le sujet d'entretiens pleins de désir, de
piété et d'amour.

Passé le mois d'août, puis le mois de septembre,
puis l'année entière, nous nous accoutumâmes à
ne plus rien espérer sur la terre, excepté l'inalté-
rable continuation de notre amitié réciproque
et l'assistance de Dieu pour consommer dignement le reste de notre long sacrifice.

Ah! l'amitié et la religion sont deux biens inestimables ! elles embellissent même les heures des prisonniers pour qui ne luit plus la moindre espérance de grâce. Dieu est vraiment avec les infortunés, avec les infortunés qui aiment !

CHAPITRE XC

Après la mort de Villa, à l'abbé Paulowich, qui fut nommé évêque, succéda comme notre confesseur l'abbé Wrba, Morave, professeur de Nouveau Testament à Brünn, savant élève de l'*Institut sublime* de Vienne.

Cet Institut est une congrégation fondée par le célèbre Frint, alors aumônier de la cour. Les membres de cette congrégation sont tous des prêtres qui, déjà lauréats en théologie, y poursuivent leurs études sous une sévère discipline, afin d'arriver à la possession du plus haut degré de science qu'on puisse atteindre. L'intention du fondateur a été remarquable : c'est de produire une perpétuelle diffusion de vraie et forte science dans le clergé catholique de Germanie. Et cette intention est en général réalisée.

Wrba, résidant à Brünn, pouvait nous donner une bien plus grande partie de son temps que Paulowich. Il devint pour nous ce qu'était le P. Baptiste, excepté qu'il ne lui était pas permis de nous

prêter des livres. Nous faisions souvent ensemble
de longues conférences, et ma croyance religieuse
en tirait grand profit; ou bien, si c'est trop dire,
il me semblait en tirer un grand profit, et la consolation que j'en éprouvais était très vive.

Dans l'année 1829 il tomba malade; puis, ayant
dû assumer d'autres fonctions, il ne put plus venir
nous voir. Cela nous contraria vivement; mais
nous eûmes la bonne fortune de lui voir succéder
un autre homme savant remarquable, l'abbé Ziak,
vicaire.

Parmi ces quelques prêtres allemands qui nous
furent destinés, n'en pas trouver un mauvais! un
seul que nous pussions découvrir comme disposé
à se faire l'instrument de la politique (et cela est
si facile à découvrir!); pas un, au contraire, en
qui ne se trouvassent réunis les mérites de beaucoup de science, d'une foi catholique très écla
tante et d'une philosophie profonde! Oh! combien
de tels ministres de l'Église sont respectables!

Ces quelques prêtres que j'ai connus me firent
concevoir une opinion très avantageuse du clergé
catholique allemand.

L'abbé Ziak tenait aussi de longues conférences
avec nous. Il me servit en outre d'exemple pour
supporter avec sérénité mes douleurs. Il était sans
cesse tourmenté par des fluxions aux dents, à la
bouche, aux oreilles, et néanmoins il souriait toujours.

Cependant le grand air libre fit disparaître peu

à peu les taches scorbutiques de Maroncelli ;
Munari et moi nous allions également mieux.

CHAPITRE XCI

Vint le 1ᵉʳ août 1830. Il y avait dix ans que
j'avais perdu la liberté ; huit ans et demi que je
subissais le *carcere duro*.

C'était un jour de dimanche. Nous allâmes,
comme les autres fêtes, dans notre enceinte accou-
tumée. Nous regardâmes encore de notre petit
banc la vallée au-dessous de nous et le cimetière
où gisaient Oroboni et Villa ; nous parlâmes
encore du repos qu'un jour y auraient nos ossements. Nous nous assîmes encore sur le banc,
comme d'habitude, pour attendre que les pauvres
condamnées vinssent à la messe qui se disait
avant la nôtre. Elles étaient conduites dans le
même petit oratoire où nous allions nous-mêmes
pour la messe suivante. Cet oratoire était contigu
au promenoir.

C'est un usage dans toute l'Allemagne que, pendant la messe, le peuple chante des hymnes en
langue vivante. Comme l'empire d'Autriche est un
pays mélangé d'Allemands et de Slaves, et que
dans les prisons du Spielberg le plus grand nombre
des condamnés de droit commun appartient à l'un

ou à l'autre de ces peuples, les hymnes s'y chantent, une fête en allemand et l'autre en slave. De même, à chaque fête, on fait deux sermons où alternent les deux langues. C'était un très doux plaisir pour nous que d'entendre ces chants et l'orgue qui les accompagnait.

Parmi les femmes, il y en avait dont la voix allait au cœur. Malheureuses ! quelques-unes étaient très jeunes. Un amour, une jalousie, un mauvais exemple les avait entraînées au crime ! J'entends encore résonner dans mon âme leur chant si religieux du *Sancius* : *Heilig ! Heilig ! Heilig !* Je versai encore une larme en l'entendant.

Vers dix heures, les femmes se retirèrent, et nous allâmes à la messe. Je vis encore ceux de mes compagnons d'infortune qui entendaient la messe sur la tribune de l'orgue, dont une simple grille nous séparait, tous pâles, amaigris, traînant avec peine leurs fers !

Après la messe, nous revînmes dans nos cachots. Un quart d'heure après, on nous apporta le dîner. Nous apprêtions notre table, ce qui consistait à mettre une petite planche sur le banc et à prendre nos cuillers de bois, lorsque M. Wegrath, le sous-intendant, entra dans notre prison.

« Je regrette de troubler le dîner de ces messieurs, dit-il ; mais qu'ils aient la complaisance de me suivre ; il y a là monsieur le directeur de police ».

Comme celui-ci ne venait d'ordinaire que pour

des choses désagréables, comme perquisitions ou inquisitions, nous suivîmes d'assez mauvaise humeur le bon sous-intendant jusqu'à la chambre d'audience.

Là, nous trouvâmes le directeur de police et le surintendant ; le premier nous fit une inclination plus gracieuse que de coutume.

Il prit un papier dans ses mains, et dit à mots tronqués, craignant peut-être de nous produire une trop forte surprise s'il s'exprimait plus nettement :

« Messieurs... j'ai le plaisir... j'ai l'honneur... de vous signifier... que S. M. l'empereur a fait encore... une grâce... ».

Et il hésitait à nous dire quelle grâce c'était. Nous pensions que c'était quelque diminution de peine, comme d'être exempts de l'ennui de travailler, d'avoir quelque livre de plus, d'avoir des aliments moins dégoûtants.

« Mais vous ne comprenez pas ? dit-il.

— Non, monsieur. Ayez la bonté de nous expliquer quelle sorte de grâce est celle-ci.

— C'est la liberté pour vous deux, et pour un troisième que vous embrasserez avant peu ».

Il semble que cette nouvelle aurait dû nous faire éclater de joie. Notre pensée courut tout de suite à nos parents, dont nous n'avions pas de nouvelles depuis tant de temps ; et le doute où nous étions de ne plus les retrouver peut-être sur la terre nous serrait tellement le cœur, qu'il annula le plaisir qu'aurait dû susciter l'annonce de la liberté.

« Ils sont muets? dit le directeur de police. Je m'attendais à les voir exulter de joie.

— Je vous prie, répondis-je, de faire part à l'empereur de notre gratitude ; mais, si nous n'avons pas de nouvelles de nos familles, il nous est impossible de ne pas craindre d'avoir perdu des personnes bien chères. Cette incertitude nous oppresse, même au moment qui devrait être celui de la plus grande joie ».

Il donna alors à Maroncelli une lettre de son frère qui le consola. A moi il dit qu'il n'avait rien de ma famille ; et cela me fit d'autant plus craindre qu'il n'y fût arrivé quelque malheur.

« Que ces messieurs, poursuivit-il, aillent dans leur chambre, et avant peu je leur enverrai le troisième prisonnier qui a été gracié ».

Nous y allâmes, et nous attendîmes avec anxiété ce troisième compagnon. Nous aurions voulu que ce fût tout le monde ; et pourtant il ne pouvait y en avoir qu'un seul. Si c'était le pauvre vieux Munari! si c'était celui-ci! si c'était cet autre! Il n'y en avait aucun pour qui nous ne fissions des vœux.

Enfin la porte s'ouvre, et nous voyons que ce compagnon était Andrea Tonelli de Brescia.

Nous nous embrassâmes. Nous ne pouvions plus dîner.

Nous causâmes jusqu'au soir, plaignant les amis qui restaient.

Au coucher du soleil, le directeur de police revint pour nous tirer de ce séjour de malheur. Nos cœurs gémissaient, en passant devant les prisons de tant d'amis, de ne pouvoir les emmener avec nous! Qui sait combien de temps ils y languiraient encore? qui sait combien d'entre eux devaient y être la proie lente de la mort?

On nous mit à chacun un manteau de soldat sur les épaules et un béret sur la tête, et ainsi, avec les mêmes habits de galériens, mais délivrés de nos chaînes, nous descendîmes la funeste montagne, et nous fûmes conduits à la ville, dans les prisons de la police.

Il faisait un très beau clair de lune. Les rues, les maisons, les gens que nous rencontrions, tout me paraissait si agréable et si étrange, après tant d'années que je n'avais pas vu un semblable spectacle!

CHAPITRE XCII

Nous attendîmes dans les prisons de la police un commissaire impérial qui devait venir de Vienne pour nous accompagner jusqu'aux frontières. En attendant, comme nos malles avaient été vendues, nous nous pourvûmes de linge et de vêtements, et nous déposâmes la livrée de la prison.

Au bout de cinq jours arriva le commissaire, et le directeur de la police nous consigna entre ses mains, en lui remettant en même temps l'argent que nous avions apporté au Spielberg, et celui qui provenait de la vente de nos malles et de nos livres ; argent qui nous fut ensuite restitué aux frontières.

Les dépenses de notre voyage furent faites par l'empereur, et sans compter.

Le commissaire était M. de Noé, gentilhomme employé au secrétariat du ministère de la police. On ne pouvait nous destiner une personne d'une éducation plus accomplie. Il nous traita constamment avec toutes sortes d'égards.

Mais je partis de Brünn avec une difficulté de respirer qui était très pénible, et le mouvement de la voiture augmenta tellement le mal que, le soir, je haletais d'une façon effrayante, et que l'on craignait d'un instant à l'autre de me voir rester suffoqué. J'eus en outre une fièvre ardente pendant toute la nuit, et le commissaire était indécis, le lendemain matin, de savoir si je pourrais continuer le voyage jusqu'à Vienne. Je dis que oui, et nous partîmes. La violence de la douleur était extrême ; je ne pouvais ni manger, ni boire, ni parler.

J'arrivai à Vienne à demi-mort. On nous donna un bon logement à la direction générale de la police. On me mit au lit ; on appela un médecin. Celui-ci m'ordonna une saignée, et j'en éprouvai du soulagement. Une diète absolue et force digitale, tel fut pendant huit jours mon traitement, et je me rétablis. Le médecin était M. Singer ; il eut pour moi de véritables attentions d'ami.

J'avais le plus grand désir de partir, d'autant plus que la nouvelle des *trois journées* de Paris avait pénétré jusqu'à nous.

Le jour même qu'éclatait cette révolution, l'empereur avait signé le décret de notre mise en liberté ! Certes il ne l'aurait pas maintenant révoqué. Mais cependant il n'était pas invraisemblable que, les temps menaçant de redevenir critiques pour toute l'Europe, on craignît des mouvements populaires jusqu'en Italie, et qu'on ne voulût pas en Autriche nous laisser, en ce moment, rentrer dans notre patrie. Nous étions bien persuadés de ne pas retourner au Spielberg, mais nous tremblions que quelqu'un ne vînt à suggérer à l'empereur de nous déporter dans quelque ville de l'empire éloignée de la péninsule.

Je me montrai encore plus rétabli que je ne l'étais, et je priai de presser le départ. Cependant j'avais le plus ardent désir de me présenter à S. E. M. le comte de Pralormo, envoyé de la cour de Turin à la cour d'Autriche, et à la bonté duquel je savais avoir beaucoup d'obligations. Il s'était employé avec le plus généreux et le plus constant empressement pour obtenir ma mise en liberté. Mais la défense de me laisser voir qui que ce fût n'admit pas d'exception.

A peine fus-je convalescent, qu'on nous fît la gracieuseté de nous envoyer une voiture pendant quelques jours, pour que nous puissions nous promener un peu dans Vienne. Le commissaire avait ordre de nous accompagner et de ne nous laisser parler à personne. Nous vîmes la belle église de Saint-Étienne, les délicieuses promenades de la ville, la villa voisine de Lichtenstein, et, en dernier lieu, la villa impériale de Schœnbrünn.

Pendant que nous étions dans les magnifiques allées de Schœnbrünn, l'empereur vint à passer, et le commissaire nous fit retirer, pour que la vue de nos maigres personnes ne l'attristât pas.

CHAPITRE XCIII

Nous partîmes enfin de Vienne, et je pus continuer jusqu'à Bruck. Là, mon asthme se remit à devenir violent. Nous appelâmes le médecin : c'était un certain M. Jüdmann, homme de beaucoup de mérite. Il me fit tirer du sang, garder le lit et continuer la digitale. Au bout de deux jours, j'insistai pour qu'on continuât le voyage.

Nous traversâmes l'Autriche et la Styrie, et nous entrâmes en Carinthie sans incident mais, arrivés à un village du nom de Feldkirchen, à peu de distance de Klagenfurt, survint un contre-ordre. Nous devions nous arrêter là jusqu'à nouvel avis.

Je laisse imaginer combien cet incident nous fut désagréable. Pour moi, j'avais en outre le regret d'être la cause de tant d'ennuis pour mes deux compagnons; s'ils ne pouvaient pas rentrer dans leur patrie, c'était ma fatale maladie qui en était cause.

Nous restâmes cinq jours à Feldkirchen, et là aussi le commissaire fit tout son possible pour nous distraire. Il y avait un petit théâtre de comédiens, et il nous y conduisit. Il nous donna un jour le divertissement d'une chasse. Notre hôte et plusieurs jeunes gens du pays, ainsi que le propriétaire d'une belle forêt, étaient les chasseurs, et nous, placés dans un endroit favorable, nous jouissions du spectacle.

Enfin arriva un courrier de Vienne, avec l'ordre au commissaire de nous conduire décidément à notre destination. J'exultai de joie avec mes compagnons à cette heureuse nouvelle, mais en même temps je tremblais de voir s'approcher pour moi le jour d'une découverte fatale : de n'avoir plus ni père, ni mère, ni qui sait quels autres de ceux qui m'étaient chers.

Et ma tristesse croissait à mesure que nous avancions vers l'Italie.

De ce côté, l'entrée en Italie n'est pas agréable à l'œil; on descend au contraire des superbes montagnes du pays allemand dans les plaines d'Ita-

lie, à travers une longue étendue de pays stérile
et inhabitée ; de sorte que les voyageurs qui ne
connaissent pas encore notre péninsule et qui
passent par là, rient de la magnifique idée qu'ils
s'en étaient faite, et soupçonnent d'avoir été mysti-
fiés par ceux dont ils l'avaient entendu tant vanter.

La laideur de ce pays contribuait à me rendre
plus triste. Revoir notre ciel, rencontrer des figures
humaines qui n'eussent pas le type septentrional,
entendre de toutes les bouches des mots dans
notre idiome, tout cela m'attendrissait, mais c'était
une émotion qui m'invitait plus à pleurer qu'à me
réjouir. Combien de fois, dans la voiture, je me
couvrais le visage avec les mains, feignant de dormir, et je pleurais ! Combien de fois, la nuit, je
ne fermais pas l'œil, brûlé par la fièvre, tantôt en-
voyant de toute mon âme les plus chaudes bénédictions à ma douce Italie, et remerciant le Ciel de
lui être rendu ; tantôt me tourmentant de ne pas
avoir de nouvelles de chez moi, et m'imaginant
les plus grands malheurs ; tantôt pensant qu'avant
peu je serais forcé de me séparer, et peut-être pour
toujours, d'un ami qui avait tant souffert avec moi,
et qui m'avait donné tant de preuves d'une affection fraternelle !

Ah ! de si longues années passées dans la tombe
n'avaient pas éteint l'énergie de ma sensibilité ;
mais cette énergie était si faible pour la joie, et si
forte pour la douleur !

Comme j'aurais voulu revoir Udine et cette au-

berge où ces deux généreux étrangers avaient feint
d'être des garçons de chambre, et nous avaient
serré furtivement la main !

Nous laissâmes cette ville à notre gauche, et
nous passâmes outre.

CHAPITRE XCIV

Pordenone, Conegliano, Ospedaletto, Vicenza,
Vérone, Mantoue, me rappelaient tant de choses !
Dans la première de ces localités était né un vaillant
jeune homme qui avait été mon ami, et avait péri
dans les désastres de la Russie. Conegliano était le
pays où les guichetiers des *Plombs* m'avaient dit
qu'on avait conduit Zanze ; à Ospedaletto, s'était
mariée, mais elle n'y vivait plus alors, une créature
angélique et malheureuse, que j'avais autrefois vé-
nérée et que je vénérais encore. Dans tous ces
lieux, en somme, surgissaient pour moi des souvenirs plus ou moins chers, et à Mantoue plus que
dans toute autre ville. Il me semblait que c'était
hier que j'y étais venu avec Ludovic en 1815 ! Il
me semblait que c'était hier que j'y étais venu avec
Porro en 1820 ! Les mêmes rues, les mêmes places,
les mêmes palais, et tant de changements sociaux !
tant de mes connaissances enlevées par la mort !

tant d'exilés ! une génération d'adultes que j'avais vus enfants ! Et ne pouvoir courir à telle ou telle maison ! ne pouvoir parler de tel ou tel avec personne !

Et, pour comble de chagrin, Mantoue était le point de séparation pour Maroncelli et pour moi. Nous y passâmes tristement la nuit tous les deux. J'étais agité comme un homme à la veille d'entendre sa condamnation.

Le matin, je me lavai le visage, et je regardai dans la glace si l'on reconnaissait encore que j'avais pleuré. Je pris, du mieux que je pus, l'air tranquille et souriant. Je dis à Dieu une petite prière, mais, en vérité, d'un air bien distrait ; et, entendant déjà Maroncelli remuer ses béquilles et parler au garçon de chambre, j'allai l'embrasser. Tous deux nous semblions pleins de courage pour cette séparation ; nous parlions un peu émus, mais d'une voix forte. L'officier de gendarmerie qui doit le conduire aux confins de la Romagne est arrivé ; il faut partir nous ne savions plus que nous dire : un embrassement, un baiser, un embrassement encore. Il monta en voiture et disparut ; moi, je restai comme anéanti.

Je revins dans ma chambre ; je me jetai à genoux et je priai pour ce malheureux mutilé, séparé de son ami, et je fondis en larmes et en sanglots.

J'ai connu beaucoup d'hommes remarquables, mais aucun plus affectueusement sociable que Maroncelli, aucun mieux instruit de tous les devoirs

de la politesse, plus exempt des accès de mauvaise
humeur, plus constamment diposé à se souvenir
que la vertu se compose de l'exercice continuel de
la tolérance, de la générosité et du bon sens. O
mon compagnon de tant d'années de douleurs, que
le Ciel te bénisse en quelque endroit que tu res-
pires, et te donne des amis qui m'égalent en affection et me surpassent en bonté !

CHAPITRE XCV

Nous partîmes dans la même matinée de Mantoue pour Brescia. Là, nous laissâmes libre mon
autre compagnon de captivité, Andrea Tonelli. Cet
infortuné y apprit qu'il avait perdu sa mère, et ses
larmes désolées me déchirèrent le cœur.

Bien que tourmenté comme je l'étais pour tant
de raisons, l'incident suivant me fit un peu rire.

Sur une table de l'auberge, il y avait une affiche
de théâtre. Je la prends, et je lis : *Francesca da
Rimini, opéra, mis en musique, etc...*

« De qui est cet opéra? dis-je au garçon.

— Qui l'a mis en vers, et qui l'a mis en musique? Je ne sais pas, répondit-il. Mais, en somme.
c'est toujours cette *Francesca da Rimini* que tous
connaissent.

— Tous ? Vous vous trompez. J'arrive d'Allemagne ; comment puis-je rien savoir de toutes vos histoires de Francesca » ?

Le garçon (c'était un jeune homme à figure dédaigneuse, vrai type de Brescian) me regarda d'un air de pitié méprisante.

« Comment pouvez-vous en rien savoir ? Monsieur, il ne s'agit pas d'histoires de Francesca ; il s'agit d'une *Francesca da Rimini* unique. Je veux parler de la tragédie de Silvio Pellico. Ici on l'a mise en opéra, en la gâtant un peu, mais c'est toujours la même.

— Ah ! Silvio Pellico ? Il me semble que je l'ai entendu nommer. N'est-ce ce mauvais sujet qui fut condamné à mort et puis au *carcere duro*, il y a huit ou neuf ans » ?

Je n'aurais jamais dû dire cette plaisanterie ! Il regarda autour de lui, puis me fixa, fit voir en grinçant trente-deux superbes dents, et, s'il n'avait pas entendu du bruit, je crois qu'il m'aurait assommé.

Il s'en alla en grommelant : « Mauvais sujet » ! Mais, avant que je fusse parti, il découvrit qui j'étais. Il ne savait plus ni interroger, ni répondre, ni écrire, ni marcher. Il ne savait plus que tenir les yeux fixés sur moi, se frotter les mains, et dire à tout le monde, sans motif : « *Sior si, Sior si*[1] » *!* à tel point qu'on eût dit qu'il éternuait.

1. Oui, M'sieu ! oui, M'sieu !

Deux jours après, le 9 septembre, j'arrivai avec le commissaire à Milan. En approchant de cette ville, en revoyant la coupole du dôme, en repassant dans cette allée de Loreto, jadis ma promenade habituelle et si chère, en rentrant par la porte Orientale, et en me retrouvant sur le Corso; en revoyant ces maisons, ces temples, ces rues, j'éprouvai les plus doux et les plus pénibles sentiments : un violent désir de m'arrêter quelque temps à Milan, et d'y embrasser ceux de mes amis que j'y aurais encore retrouvés ; un regret infini en pensant à ceux que j'avais laissés au Spielberg, à ceux qui restaient exilés sur la terre étrangère, à ceux qui étaient morts ; une vive gratitude en me rappelant l'affection que m'avaient en général témoignée les Milanais ; quelques frémissements de dédain contre quelques-uns qui m'avaient calomnié, alors qu'ils avaient toujours été l'objet de ma bienveillance et de mon estime.

Nous allâmes loger à la *Bella Venezia*.

C'était là que j'avais assisté tant de fois à de joyeux repas d'amis ; là que j'avais visité tant de dignes étrangers ; là qu'une respectable et vieille dame m'avait en vain sollicité de la suivre en Toscane, prévoyant, si je restais à Milan, les malheurs qui m'arriveraient. O souvenirs émouvants ! ô passé si mélangé de plaisirs et de douleurs, et si rapidement enfui !

Les garçons de l'auberge découvrirent tout de suite qui j'étais. Le bruit s'en répandit, et vers le soir je vis la foule s'arrêter sur la place et regarder aux fenêtres. Un homme (j'ignore qui il était) sembla me reconnaître et me salua, en élevant les bras vers moi.

Ah ! où étaient les fils de Porro, mes fils ? Pourquoi ne les vis-je pas ?

CHAPITRE XCVI

Le commissaire me conduisit à la police pour me présenter au directeur. Quelle sensation j'éprouvai en revoyant cette maison, qui avait été ma première prison ! Quelles douleurs me revinrent à l'esprit ! Ah ! je me souvins avec tendresse de toi, ô Melchior Gioja, et des pas précipités que je te voyais faire çà et là entre ces étroites murailles, et des heures où tu te tenais immobile à ta table, écrivant tes nobles pensées, et des signes que tu me faisais avec ton mouchoir, et de la tristesse avec laquelle tu me regardais, quand on t'eut défendu de me faire des signes ! Et je me figurai ta tombe, probablement ignorée du plus grand nombre de ceux qui t'aimèrent, comme elle était ignorée de moi ! — et j'implorai la paix pour ton âme !

Je me souvins aussi du petit muet, de la voix pathétique de Madeleine, de mes sentiments de compassion pour elle, de mes voisins les voleurs, du prétendu Louis XVII, du pauvre condamné qui se laissa prendre le billet, et dont il m'avait semblé entendre les cris sous le bâton.

Tous ces souvenirs et d'autres encore m'oppressaient comme un songe plein d'angoisse ; mais ce qui me faisait le plus d'impression, c'était le souvenir des deux visites que mon pauvre père m'y avait faites, dix ans auparavant. Comme le bon vieillard s'illusionnait en espérant que je pourrais bientôt le rejoindre à Turin ! Aurait-il soutenu l'idée de dix ans de prison pour son fils, et d'une telle prison ! Mais quand ses illusions s'évanouirent, aura-t-il eu, ma mère aura-t-elle eu la force de résister à une si déchirante douleur ? M'était-il encore donné de les revoir tous les deux, ou peut-être seulement l'un deux ? Et lequel ?

O doute plein d'angoisses et toujours renaissant ! J'étais, pour ainsi dire, à la porte de ma maison, et je ne savais pas encore si mes parents étaient en vie, si même il existait encore une seule personne de ma famille...

Le directeur de la police m'accueillit gracieusement et me permit de rester à la *Bella Venezia*, avec le commissaire impérial, au lieu de me faire garder ailleurs. Il ne m'accorda pas toutefois la permission de me montrer à personne, et c'est pourquoi je me déterminai à partir le matin suivant. J'obtins seulement de voir le consul piémontais, pour lui demander des nouvelles de mes parents. Je serais allé le trouver ; mais ayant été pris de fièvre et ayant dû me mettre au lit, je le fis prier de venir me voir.

Il eut la complaisance de ne pas se faire attendre et combien je lui en fus reconnaissant !

Il me donna de bonnes nouvelles de mon père et de mon frère aîné. Au sujet de ma mère, de mon autre frère et de mes deux sœurs, je restai dans une incertitude cruelle.

En partie rassuré, mais non pas suffisamment, j'aurais voulu, pour soulager mon âme, prolonger de beaucoup la conversation avec monsieur le consul. Il ne fut pas avare de ses témoignages de bienveillance, mais il dut enfin me quitter.

Resté seul, j'aurais eu besoin de verser des larmes, et je n'en avais pas. Pourquoi donc la douleur me fait-elle quelquefois fondre en larmes, et d'autres fois, et c'est le plus souvent, alors qu'il me semble que pleurer me serait un si doux soulagement, pourquoi les invoqué-je inutilement ? Cette impossibilité d'épancher mon affliction augmentait ma fièvre ; la tête me faisait très mal.

Je demandai à boire à Stundberger. Ce brave homme était sergent dans la police de Vienne, et remplissait les fonctions de valet de chambre du commissaire. Il n'était pas vieux, mais il me donna, par hasard, à boire d'une main tremblante. Ce tremblement me rappela Schiller, mon vieil ami Schiller, lorsque, le premier jour de mon arrivée au Spielberg, je lui demandai, d'un ton d'orgueil impérieux, la cruche d'eau, et qu'il me la donna.

Chose étrange ! un tel souvenir, joint aux autres, rompit la roche de mon cœur, et les larmes jaillirent.

CHAPITRE XCVII

Le matin du 18 septembre, j'embrassai mon excellent commissaire, et je partis. Nous nous connaissions seulement depuis un mois, il me faisait l'effet d'un ami de plusieurs années. Son âme, pleine du sentiment du beau et de l'honnête, n'était ni investigatrice ni artificieuse. Non qu'elle n'eût pas assez d'intelligence pour l'être, mais par cet amour d'une noble simplicité qui existe chez les hommes droits.

Quelqu'un, pendant le voyage dans un endroit où nous nous étions arrêtés, me dit en secret : « Défiez-vous de cet *ange gardien;* s'il ne faisait point partie des anges noirs, on ne vous l'aurait pas donné.

— Eh bien ! vous vous trompez, lui dis-je. J'ai la plus intime conviction que vous vous trompez.

— Les plus rusés, reprit-il, sont ceux qui paraissent les plus simples.

— S'il en était ainsi, il ne faudrait jamais croire à la vertu de personne.

— Il y a certaines positions sociales où l'on peut montrer une parfaite éducation dans les manières, mais pas de la vertu! pas de la vertu! pas de la vertu » !

Je ne pus lui répondre autre chose que ceci :

« Exagération, mon cher monsieur, exagération !

— Je suis conséquent », insista-t-il.

Nous fûmes interrompu, et je me souvins du *cave a consequentiariis* de Leibnitz.

La plupart des hommes ne sont en effet que trop disposés à raisonner avec cette fausse et terrible logique : « Je marche sous l'étendard A, que je suis sûr être celui de la justice; celui-ci marche sous l'étendard B, que je suis sûr être celui de l'injustice; donc c'est un malhonnête homme ».

Eh non! logiciens furibonds! sous quelque étendard que vous soyez, ne raisonnez pas d'une façon aussi inhumaine. Pensez qu'en partant d'une donnée défavorable quelconque (et où y a-t-il une société, où y a-t-il un individu qui n'en ait point de semblable?), et en procédant avec une inexorable rigueur, de conséquence en conséquence, il est facile à qui que ce soit d'arriver à cette conclusion : « Hors de nous quatre, tous les hommes méritent d'être brûlés vifs ». Et, si l'on fait un examen plus approfondi, chacun des quatre dira : « Tous les hommes méritent d'être brûlés, excepté moi ».

Ce rigorisme vulgaire est souverainement antiphilosophique. Une défiance modérée peut être sage ; une défiance poussée à l'extrême ne l'est jamais.

Depuis l'observation qui m'avait été faite sur cet *ange gardien*, j'appliquai mon esprit à l'étudier plus qu'auparavant, et chaque jour je me convainquis de plus en plus de son inoffensive et généreuse nature.

Lorsqu'il existe un ordre de société établi, plus ou moins bon qu'il soit, toutes les fonctions sociales que l'universelle conscience ne reconnaît pas pour infamantes, toutes les fonctions sociales qui promettent de coopérer noblement au bien public, et dont les promesses sont acceptées par un grand nombre de gens, toutes les fonctions sociales dans lesquelles il est absurde de nier qu'il y ait eu des hommes honnêtes, peuvent toujours être occupées par des hommes honnêtes.

J'ai lu, au sujet d'un quaker, qu'il avait horreur des soldats. Il vit un jour un soldat se jeter dans la Tamise et sauver un malheureux qui se noyait, et il dit : « Je serai toujours quaker, mais les soldats aussi sont de bonnes créatures ».

CHAPITRE XCVIII

Stundberger m'accompagna jusqu'à la voiture, où je montai avec le brigadier de gendarmerie auquel j'avais été confié. Il pleuvait, et il soufflait un vent froid.

« Que monsieur s'enveloppe bien dans son manteau, me disait Stundberger; qu'il se couvre mieux la tête, afin de ne pas arriver chez lui malade; il lui faut si peu pour se refroidir! Combien je regrette de ne pouvoir lui prêter mes services jusqu'à Turin »!

Et il me disait tout cela si cordialement et d'une voix si émue!

« Désormais, monsieur n'aura peut-être plus d'Allemand à côté de lui, ajouta-t-il; il n'entendra peut-être jamais plus parler cette langue que les Italiens trouvent si dure, et peu lui importera probablement. Il a eu tant de malheurs à souffrir parmi les Allemands, qu'il n'aura pas grande envie de se souvenir de nous; et néanmoins moi, dont monsieur oubliera vite le nom, je prierai toujours pour lui.

— Et moi pour toi », lui dis-je en lui serrant une dernière fois la main.

Le pauvre homme cria encore : « *Guten Morgen!*

Gute Reise! Leben sie wohl »! (Bonjour! Bon voyage! Portez-vous bien)! Ce furent les dernières paroles allemandes que j'entendis prononcer, et le son m'en fut cher, comme si elles avaient été dites dans ma langue.

J'aime passionnément ma patrie, mais je ne hais aucune autre nation. La civilisation, la richesse, la puissance, la gloire sont diverses dans les diverses nations; mais dans toutes il y a des âmes qui obéissent à la grande vocation de l'homme qui est d'aimer, de compatir et d'aider.

Le brigadier qui m'accompagnait me raconta qu'il avait été un de ceux qui arrêtèrent mon malheureux Confalonieri. Il me dit comment celui-ci avait essayé de fuir, comment son coup avait manqué, comment, arraché des bras de son épouse, Confalonieri et elle s'attendrirent, mais soutinrent avec dignité cet affreux malheur.

J'étais brûlé par la fièvre en entendant cette malheureuse histoire, et il me semblait qu'une main de fer me serrait le cœur.

Le narrateur, homme sans façon, et parlant avec naïve confiance, ne s'apercevait pas que, bien que je n'eusse rien contre lui, je ne pouvais cependant m'empêcher de frissonner en regardant ces mains qui s'étaient abattues sur mon ami.

A Buffalora, on fit collation; j'étais trop plein d'angoisses; je ne pris rien.

Jadis, il y a déjà de longues années, quand j'allais en villégiature à Arluno avec les enfants du comte Porro, je venais quelquefois me promener à Buffalora, le long du Tessin.

Je me réjouis de voir terminé le beau pont dont j'avais vu les matériaux épars sur la rive lombarde, avec l'opinion alors commune qu'un pareil travail ne se terminerait pas. Je me réjouis de retraverser ce fleuve, et de toucher de nouveau la terre piémontaise. Ah! bien que j'aime toutes les nations, Dieu sait combien j'ai de prédilection pour l'Italie; et, bien que je sois aussi épris de l'Italie, Dieu sait combien plus doux que tout autre nom de pays italien est pour moi le nom du Piémont, du pays de mes pères!

CHAPITRE XCIX

En face de Buffalora est Saint-Martin. Là le brigadier lombard parla aux carabiniers piémontais; puis il me salua et repassa le pont.

« Allons à Novare, dis-je au voiturier.

— Ayez la bonté d'attendre un moment », dit un carabinier.

Je vis que je n'étais pas encore libre, et je m'en affligeai, craignant que cela ne retardât mon arrivée à la maison paternelle.

Après plus d'un quart d'heure, parut un monsieur qui me demanda la permission d'aller à

Novare avec moi. Il avait manqué une autre occasion ; maintenant il n'y avait plus d'autre véhicule que le mien ; il était bien heureux que je lui donnasse la permission d'en profiter, etc., etc.

Ce carabinier déguisé était d'humeur aimable, et me tint bonne compagnie jusqu'à Novare. Arrivés dans cette ville, tout en feignant de vouloir que nous descendissions dans une auberge, il fit conduire la voiture dans la caserne des carabiniers, et là on me dit qu'il y avait un lit pour moi dans la chambre d'un brigadier, et que je devais attendre les ordres supérieurs.

Je pensais pouvoir partir le jour suivant ; je me mis au lit, et, après avoir causé un peu avec mon hôte le brigadier, je m'endormis profondément. Depuis longtemps je n'avais pas dormi aussi bien.

Je m'éveillai vers le matin, je me levai promptement, et les premières heures me semblèrent longues. Je fis collation, je causai, je me promenai dans la chambre et sur la terrasse ; je donnai un coup d'œil aux livres de mon hôte ; enfin on m'annonça une visite.

Un officier très gracieux vint me donner des nouvelles de mon père, et me dire qu'il y avait à Novare une lettre de lui, et qu'on me l'apporterait bientôt. Je lui fus souverainement obligé de cette aimable courtoisie.

Il s'écoula quelques heures qui me parurent éternelles, et la lettre arriva enfin.

Oh ! quelle joie de revoir ces caractères chéris !

quelle joie d'apprendre que ma mère, mon excellente mère, vivait encore! que mes deux frères et ma sœur aînée vivaient aussi! Hélas! la cadette, cette Marietta qui s'était faite religieuse de la Visitation, et de laquelle j'avais reçu en secret des nouvelles dans ma prison, avait cessé de vivre depuis neuf mois.

Il m'est doux de croire que je suis redevable de ma liberté à tous ceux qui m'aimaient et qui intercédaient incessamment Dieu pour moi, et en particulier à ma sœur qui mourut avec les signes de la plus grande piété. Que Dieu la récompense de toutes les angoisses que son cœur a souffertes à cause de mes malheurs!

Les jours passaient, et la permission de quitter Novare ne venait pas. Le matin du 16 septembre, cette permission me fut enfin donnée, et toute tutelle de carabiniers cessa. Oh! depuis combien d'années ne m'était-il plus arrivé d'aller où il me plaisait sans être accompagné de gardiens!

Je touchai quelque argent, je reçus les politesses d'une personne qui connaissait mon père, et je partis vers trois heures de l'après-midi. J'avais pour compagnons de voyage une dame, un négociant, un graveur, et deux jeunes peintres, dont un était sourd-muet. Ces peintres venaient de Rome, et cela me fit plaisir d'apprendre qu'ils connaissaient la famille de Maroncelli. C'est une si douce chose de pouvoir parler de ceux que nous aimons avec quelqu'un qui n'y soit pas indifférent!

Nous passâmes la nuit à Verceil. L'heureux jour du 17 septembre se leva. On poursuivit le voyage. Oh! comme les voitures sont lentes! On n'arriva à Turin que le soir.

Qui jamais, qui jamais pourrait décrire la consolation de mon cœur et des cœurs qui m'étaient chers, quand je revis, et quand j'embrassai mon père, ma mère, mes frères?... Ma chère sœur Joséphine n'était pas là, car son devoir la retenait à Chieri; mais, en apprenant mon bonheur, elle s'empressa de venir passer quelques jours en famille. Rendu à ces cinq objets si chers de ma tendresse, j'étais, je suis le plus enviable des mortels!

Ah! des malheurs passés et du bonheur présent, comme de tout le bien et de tout le mal qui m'est réservé, que la Providence soit bénie, entre les mains de laquelle les hommes et les choses, qu'on le veuille ou ne le veuille pas, sont d'admirables instruments qu'elle sait employer à des fins dignes d'elle.

FIN

E. GREVIN — IMPRIMERIE DE LAGNY

ÆUTEURS CÉLÈBRES
à 60 centimes le volume

En jolie reliure spéciale à la collection, 1 franc le volume

Le but de la collection des *Auteurs célèbres*, à **60** *centimes* le volume, est de mettre entre toutes les mains de bonnes éditions des meilleurs écrivains modernes et contemporains.

Sous un format commode et pouvant en même temps tenir une belle place dans toute bibliothèque, il paraît chaque quinzaine un volume.

CHAQUE OUVRAGE EST COMPLET EN UN VOLUME

BIBLIOTHÈQUE POUR TOUS
à 75 centimes le volume broché

———

André (Emile). — **100 façons de se défendre dans la rue SANS armes**. Orné de 50 illustrations. Un vol.

— **100 façons de se défendre dans la rue AVEC armes**. Petit manuel pratique de la canne, du bâton à deux mains, du tir au revolver, etc. Orné de 50 illustrations. Un vol.

Berthe (Comtesse). — **La politesse pour tous**. Un vol.

Blanchon (H.-L. Alphonse). **100 façons d'augmenter ses revenus pendant ses loisirs**. Un vol.

Brisse (Baron). **Petite cuisine des familles**. Un vol.

Christie et Chareyre. — **L'Architecte-Maçon**. Un vol.

Cim (Albert). — **Petit manuel de l'amateur de livres**. Un volume illustré.

Cornié (G.). — **Manuel pratique et technique du vélocipède**. Un vol.

Fonclose (Mᵐᵉ Marguerite de). — **Guide pratique des travaux de dames**. Illustré de figures et modèles. Un vol.

Gawlikowski. — **Guide complet de la danse**. Un vol.

Klary (C.). — **Manuel de photographie pour les amateurs** Un vol.

L. C. **Nouveau guide pour se marier**, suivi du Manuel du parrain et de la marraine. Un vol.

Longueville (Adhémar de). — **Manuel complet de tous les jeux de cartes**, suivi de l'Art de tirer les cartes. Un vol.

Monin (Dʳ E.). — **Hygiène de la femme**. Préceptes médicaux pratiques. Un vol.

Poutier (Aristide). — **Manuel du Menuisier-modeleur**. Un vol.

Ricquier (Léon). — **Le moyen de savoir parler en public**. Un vol.

Sabatier (E.). — **Manuel de l'Agriculture**. Un vol.

Scribe (Désiré). — **Le petit secrétaire pratique**. Un vol.

Staffe (Baronne). — **Indications pratiques pour réussir dans le monde, dans la vie**. Un vol.

— **La distinction et l'élégance chez la femme**. Un vol.

— **Indications pratiques concernant l'élégance du vêtement féminin**. Un vol.

Terrode (L.). — **Manuel du serrurier**. Un vol.

Vignes (E.) — **L'Électricité chez soi**. Un vol.

Villard (J.). — **Manuel du chaudronnier en fer**. Un vol.

———

André (Émile). — **100 coups de jiu-jitsu**. Un volume in-16 illustré . . . . Prix **1 fr. 25**

LES PIÈCES A SUCCÈS

Publication illustrée de simili-gravures, tirage de luxe sur papier couché

Prix de chaque fascicule grand in-8º, **60 cent.**

La collection des **PIÈCES A SUCCÈS** *ne contient, en effet, que des œuvres qui ont été jouées et qui ont bien mérité leur titre.*

Dans ces Pièces on a pu établir comme une sorte de classement. Certaines peuvent être représentées **intégralement** *par de très jeunes gens dans des institutions, d'autres dans les salons, etc.*

	Hommes	Femmes
Peuvent être jouées dans les institutions :		
Le Gendarme est sans pitié, par Georges Courteline et Norès	4	»
Le Sacrement de Judas, par Louis Tiercelin	4	1
Monsieur Badin, par Georges Courteline	3	»
La Soirée Bourgeois, par Félix Galipaux	2	1
Le Commissaire est bon enfant, par G. Courteline et Jules Lévy	7	1
Les Oubliettes, par Bonis-Charancle	4	1
Capsule, par Félix Galipaux	2	1
Peuvent être jouées dans tous les salons, intégralement ou avec de légères modifications :		
Silvérie, par Alphonse Allais et Tristan Bernard	2	1
Mon Tailleur, par Alfred Capus	1	2
Les Affaires Étrangères, par Jules Lévy	2	3
Le Seul Bandit du Village, par Tristan Bernard	4	2
La Visite, par Daniel Riche	2	1
La Fortune du Pot, par Jules Lévy et Léon Abric	2	2
Service du Roi, par Henri Pagat	3	2
L'Inroulable, par Pierre Wolf	1	2
Conviennent plus spécialement aux théâtres libres :		
Lui, par Oscar Méténier	2	2
La Cinquantaine, par Georges Courteline	1	1
Le Ménage Rousseau, par Léo Trézenik	1	4
En Famille, par Oscar Méténier	3	2

Joli emboîtage pour 25 pièces. . . . Prix : 2 fr. 50

COLLECTION IN-8° ILLUSTRÉE

A 95 cent. le volume broché ; relié toile, 1 fr. 50

DAUDET (ALPHONSE). — **Tartarin de Tarascon**. Illustrations de G. Dutriac.

AICARD (JEAN), de l'Académie française. — **Tata**. Illustrations de Suzanne Minier.

GYP. — **Le Friquet**. Illustrations de P. Kauffmann.

COURTELINE (GEORGES). — **Coco, Coco et Toto**. Illustrations de A. Barrère.

RODENBACH (GEORGES). — **Bruges-la-Morte**. Illustrations de Marin Baldo.

LEMONNIER (CAMILLE). — **Amants joyeux**. Illustrations de Bigot-Valentin.

ESPARBÈS (GEORGES D'). — **Le Roi**. Illustrations de H. Lanos.

JANE DE LA VAUDÈRE. — **Le Mystère de Kama**. Illustrations de Ch. Atamian.

WOLFF (PIERRE). — **Sacré Léonce !** Illustrations de Fabiano.

THEURIET (ANDRÉ). — **Mon Oncle Flo**. Illustrations de Ernest Bouard.

LEROY (CHARLES). — **Le Colonel Ramollot**. Illustrations de A. Vallet.

LEMAITRE (CLAUDE). — **Cadet Oui-Oui**. Illustrations de Simont.

HEYSE (PAUL), (Prix Nobel 1910). — **L'Amour en Italie**. Illustrations de Marin Baldo.

FLAMMARION (CAMILLE). — **Stella**. Illustrations de Suzanne Minier.

DAUDET (ALPHONSE). — **Tartarin sur les Alpes**. Illustrations de G. Dutriac.

CORDAY (MICHEL). — **Le Charme**. Illustrations de Jordic.

COBRARD (PIERRE). — **La Bohème s'amuse**. Illustrations de Mirande.

MAËL (PIERRE). — **Pilleurs d'Épaves**. Illustrations de Lanos.

PROVINS (MICHEL). — **Nos petits Cœurs**. Illustrations de Métivet.

DANRIT (Capitaine). — **Robinsons Sous-marins**. Illustrations de G. Dutriac.

CUNISSET-CARNOT. — **Étrange fortune**. Illustrations de G. Fraipont.

FRÉMEAUX (PAUL). — **Les derniers jours de l'Empereur**. *Illustrations d'après des documents iconographiques anciens, communiqués par l'auteur.*

ARÈNE (PAUL). — **Domnine**. Illustrations de Koïster.

ALLAIS (ALPHONSE). — **Pas de bile !** Illustrations de L. Métivet.

DAUDET (ALPHONSE). — **Sapho**. Illustrations de Ch. Atamian.

LAVEDAN (HENRI), de l'Académie française. — **Mam'zelle Vertu**. Illustrations de Jordic.

ESPARBÈS (GEORGES D'). — **Les Mystères de la Légion Étrangère**. Dessins de M. Mahut ; croquis par des soldats légionnaires.

etc., etc., etc.

1946. — Paris. — Imp. Hemmerlé et Cⁱᵉ. 5-12).

LES MEILLEURS AUTEURS CLASSIQUES

Français et Étrangers

ARISTOPHANE. Théâtre. 2 vol.
BEAUMARCHAIS, Théâtre.
BERNARDIN DE SAINT-PIERRE. Paul et Virginie.
BOCCACE, Le Décaméron. 2 vol.
BOILEAU, Œuvres poétiques et en prose.
BOSSUET, Oraisons Funèbres.
— Discours sur l'histoire universelle.
BRANTOME, Dames Galantes.
CAMOENS. Les Lusiades.
CASANOVA (Jacques), Mémoires. 6 vol.
CESAR, Commentaires sur la Guerre des Gaules.
CHATEAUBRIAND, Atala, René; Le Dernier Abencérage;
— Génie du Christianisme. 2 vol.
COMTE (Auguste), Philosophie positive. 4 vol.
CORNEILLE, Théâtre. 2 vol.
DANTE, La Divine Comédie.
DESCARTES, Discours de la Méthode, Méditations métaphysiques
DIDEROT, La Religieuse; Le Neveu de Rameau.
ESCHYLE, Théâtre.
FENELON, Télémaque.
— De l'Éducation des Filles.
FOË (Daniel de), Robinson Crusoé
GŒTHE, Werther; Faust; Hermann et Dorothée.
HOMERE. Iliade.
— Odyssée.
KANT (Emmanuel), Critique de la Raison pure. 2 vol.
KLEIST-KOTZEBUE-LESSING. Trois Comédies.
LA BRUYERE, Caractères.
LA FAYETTE (Mme de), Mémoires; Princesse de Clèves.
LA FONTAINE, Fables.
— Contes.
LA ROCHEFOUCAULD, Maximes.
LE SAGE (A.-R.), Histoire de Gil Blas de Santillane. 2 vol.
LESSING, Théâtre.
LE TASSE, Jérusalem délivrée.
MAISTRE (X. DE), Œuvres.
MALEBRANCHE, Recherche de la Vérité, 2 vol.
MARIVAUX, Théâtre choisi.

MOLIERE, Théâtre. 4 vol.
MONTAIGNE, Essais, 4 vol.
MONTESQUIEU, Lettres persanes.
— De l'Esprit des Lois. 2 vol.
MUSSET (A. de), Premières Poésies. 1829-1835.
— Poésies nouvelles. 1836-1852.
— Comédies et Proverbes. 2 vol.
— La Confession d'un Enfant du siècle.
— Nouvelles.
— Contes.
— Mélanges de littérature et de critique.
— Œuvres Posthumes.
OVIDE. Les Métamorphoses.
PASCAL. Pensées.
— Les Provinciales.
PELLICO (Silvio), Mes Prisons.
PERRAULT Ch.) et Mme d'AULNOY. Contes.
PLINE LE JEUNE. Lettres; Panégyrique de Trajan.
RABELAIS, Œuvres, 2 vol.
RACINE, Théâtre, 2 vol.
REGNIER (Mathurin), Œuvres complètes.
ROUSSEAU (J.-J.) Confessions. 2 vol.
— Julie ou la nouvelle Héloïse. 2 vol.
— Du Contrat social.
— Émile, ou de l'éducation. 2 vol.
SCHILLER. Les Brigands; Marie-Stuart; Guillaume-Tell.
SCOTT (Walter). Ivanhoe. 2 vol.
— La Jolie Fille de Perth. 2 vol.
SEVIGNE (Mme de), Lettres choisies.
SHAKESPEARE (William), Œuvres dramatiques, 8 vol.
SOPHOCLE. Théâtre.
SPINOZA, Éthique.
STAEL, (Mme de) De l'Allemagne. 2 vol.
— Corinne, ou l'Italie, 2 vol.
STENDHAL, La Chartreuse de Parme.
SUETONE. Les Douze Césars.
VILLON (François), Œuvres.
VIRGILE, L'Énéide.
VOLTAIRE, Dictionnaire philosophique.
— Histoire de Charles XII.
— Siècle de Louis XIV. 2 vol.
— Romans. 2 vol.
WISEMAN (Cⁿⁱ), Fabiola.

Chaque volume broché, 95 cent., relié toile pleine. 1 fr. 75

1430. — Paris. — Imp. Hemmerlé et Cⁱˢ. (5-12).